Windspiele und Drachen

Grund-Thorpe · Sanwald

Windspiele und Drachen

LUDWIG
selbermachen

Windspiele – Tanzen und Schweben im Wind

Das Flattern und Kreisen leichter Gegenstände im Wind erzeugt Träume, wirkt aber auch beruhigend und entspannend. Schon seit Jahrhunderten hängt man den Neugeborenen kleine Mobiles über die Wiege, und die Faszination, hervorgerufen durch die tänzerischen Bewegungen, ist nicht zu übersehen.

Klangspiele, ursprünglich aus dem asiatischen Kulturkreis importiert, wurden durch vielzählige Variationen mit Motiven der westlichen Kultur bereichert und haben an Beliebtheit nicht verloren.

Windräder und Windmühlen sind seit einiger Zeit immer häufiger in den Gärten und auf Balkonen zu sehen und verbreiten durch ihre starken Farben auch an trüben Tagen gute Laune.

Nicht zuletzt gehören Drachen zu den Dauerbrennern, die teilweise richtig sportlichen Ehrgeiz in den Erbauern erwecken.

Natürlich kann man alle diese Dinge auch kaufen, aber viel interessanter sind selbstgemachte Spielzeuge. Dabei ist es vollkommen unwichtig, ein fertiges Teil perfekt nachzubauen, individuell wird ein Windrad oder Drachen erst durch die persönliche Handschrift, entstanden durch die eigene Kreativität. Beim Nachbauen ist es auch nicht wichtig, genau die angegebenen Materialien zu verwenden, denn oft kann man mit vorhandenen Holzresten ohne Kostenaufwand zum gleichen Ergebnis kommen.

Unsere gezeigten Vorschläge sollen deshalb als Anregung betrachtet werden und den Bastler zu neuen Ideen inspirieren.

Inhalt

Windspiele

Bei den vorgestellten Themen ist für jede Altersgruppe etwas dabei, angefangen bei Kindern, die gerade schon mit der Schere umgehen können. Aber auch Erwachsene werden in ihrer Geschicklichkeit herausgefordert, wenn es z.B. um Windmühlen und Klangspiele geht.

Fische und Seesterne

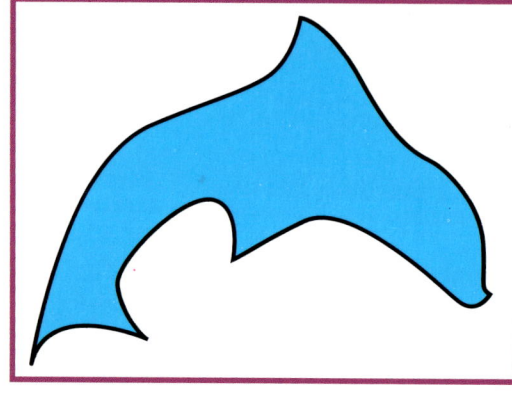

AUFHÄNGUNG VORBEREITEN

• Auf die Fichtenleimholzplatte mit dem Zirkel einen Kreis mit Radius 10 cm aufzeichnen. Den Kreis mit der Laubsäge bzw. einer Stichsäge aussägen. Die Kanten mit Schleifpapier glätten.

• Auf Schreibmaschinenpapier ein Quadrat mit 12 cm Seitenlänge und die Diagonalen aufzeichnen. Den Kreuzungspunkt der Diagonalen mit dem Nagel durchstechen, dabei den Nagel durch den Kreismittelpunkt der Holzscheibe stecken.

• Die Ecken des Quadrats mit einem anderen Nagel ebenfalls auf die Holzscheibe durchstechen. Die Einstiche auf dem Holz mit dem Bleistift markieren. In diese Markierungen Löcher mit einem 6er Bohrer bohren. Diese Bohrungen dienen zur Aufhängung des Klangspiels an der Decke.

• Das Quadrat noch einmal mittig auf die Holzscheibe auflegen, dabei aber um 45 Grad drehen. Die Eckpunkte und den Schnittpunkt der Diagonalen

markieren und mit dem 4er Bohrer durchbohren. Diese Bohrungen dienen zur Aufhängung der Holzstäbe.

• Für die Aufhängung der Fische und Seesterne mit dem Bleistift neun weitere Bohrlöcher an beliebiger Stelle auf der Holzscheibe mit einem Kreuz markieren und mit dem dünnen Bohrer durchbohren.

KLANGSTÄBE SÄGEN

• Vom Rundholz zwei je 30 cm und drei je 35 cm lange Stäbe mit der Feinsäge absägen. Dabei eine Seite schräg, die andere gerade absägen.

• Mit ca. 1,5 cm Abstand zum geraden Ende mittig je eine Bohrung für die Aufhängung mit dem dünnen Bohrer durch den Stab bohren. Am einfachsten geht das, wenn man den Rundstab mit der Schraubzwinge auf dem Arbeitstisch befestigt und dabei das Ende für die Bohrung leicht überstehen läßt.

MEERESTIERE AUSSÄGEN

• Die Tiere von der Vorlage mit Kopierpapier auf Schreibmaschinenpapier durchzeichnen und ausschneiden. Die Formen mit Bleistift auf Sperrholz aufzeichnen, den Fisch insgesamt viermal, den Delphin dreimal und den Seestern zweimal.

• Mit der Laubsäge aussägen, die Konturen mit Schleifpapier glätten. Mit einem dünnen Bohrer Löcher für die Aufhängung bohren.

TEILE BEMALEN

• Mit Türkisblau die Delphine, die Klangstäbe und die Holzstäbe beidseitig bzw. rundum streichen. Die Seesterne und einen Fisch zuerst

ganzflächig gelb streichen, dann die Innenzeichnung mit dem dünnen Pinsel auftragen. Die übrigen Fische in Orange grundieren und nach dem Trocknen bemalen.

• Das Wellenmotiv mit Kopierpapier auf Schreibmaschinenpapier übertragen, ausschneiden und um die Holzscheibe und den unteren Teil der Klangstäbe herum als Schablone so lange immer wieder anzeichnen, bis der Kreis geschlossen ist. Wellen weiß ausmalen.

• Zum Schluß alle Teile mit farblosem Lack (falls Sie Dispersionsfarbe verwendet haben) streichen.

KLANGSPIEL AUFHÄNGEN

• Die Kordel in der Mitte durchschneiden, von oben durch die vier großen Löcher der Holzscheibe fädeln und unter der Scheibe verknoten. So ausbalancieren, daß die Scheibe waagrecht hängt.

• Die Scheibe an den Kordeln aufhängen, dann die Klangstäbe befestigen. Dafür ca. 8 cm lange Baumwollfäden durch die querliegende Bohrung fädeln, beide Enden durch die Bohrung in der Scheibe stecken und über der Scheibe verknoten.

• Die übrigen Meerestiere mit Perlonfäden in verschiedenen Längen durch die mit Kreuzen markierten Löcher befestigen.

Gartenzaun mit Sonnenblume

MATERIAL

Fichtenleimholz, 16 mm, 10 x 24 cm
Bambusstab, 25 mm Durchmesser, ca. 1 m lang
Sperrholzreste (Zaun und Blume)
Holzleim
Bastelmattlack (oder Dispersionsfarbe) in Grün, Gelb, Braun, Orange, Schwarz und Weiß
Eventuell farbloser Mattlack
Schleifpapier
Schreibmaschinen- und Kopierpapier
Gelbe und weiße Schnur

WERKZEUG
Laubsäge
Zirkel
Lineal
Bleistift
Pinsel
Bohrmaschine
3er Bohrer
Schere

TEILE SÄGEN UND BOHREN

• Die Teile von der Vorlage mit Kopierpapier auf Schreibmaschinenpapier einzeln übertragen und ausschneiden.

• Auf das Sperrholz aufzeichnen und aussägen, die Blütenmitte wird extra aus Sperrholz ausgesägt.

MOTIVE AUSMALEN

• Die Sonnenblume gelb grundieren, von der Mitte aus einen orangefarbenen Kreis mit gelben Strahlen aufmalen, der etwas größer ist als die braune Blütenmitte. Blütenmitte braun grundieren, orangefarbene Pünktchen auftupfen und schwarz umranden. Blütenmitte auf die Blüte kleben.

• Die Fichtenplatte grün grundieren, dabei Gras andeuten, die Zaunlatten weiß streichen.

• Nach dem Trocknen alle Teile mit Holzleim aufkleben. Die Löcher an den eingezeichneten Stellen bohren.

KLANGKÖRPER SÄGEN UND BEMALEN

• Von der Bambusstange fünf Klangstäbe absägen in 15 cm, 18 cm, 20 cm, 21 cm und 26 cm Länge, ein Ende dabei abschrägen.

● In das waagrechte Ende für die Aufhängung mittig mit 0,5 cm Abstand zum Ende je ein Loch bohren.

● Auf die Bambusstangen kleine Blümchen (siehe Zeichnung) in Gelb und Orange aufmalen. Stangen mit gelber Schnur durch die Bohrungen aufhängen. Das Klangspiel mit weißer, ca. 40 cm langer Schnur aufhängen.

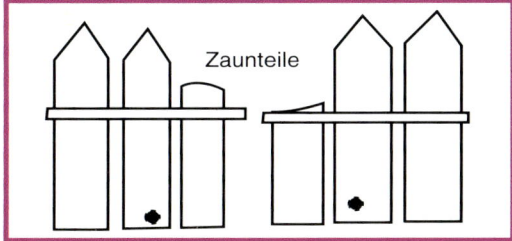

Zaunteile

Grundplatte mit Bohrungen

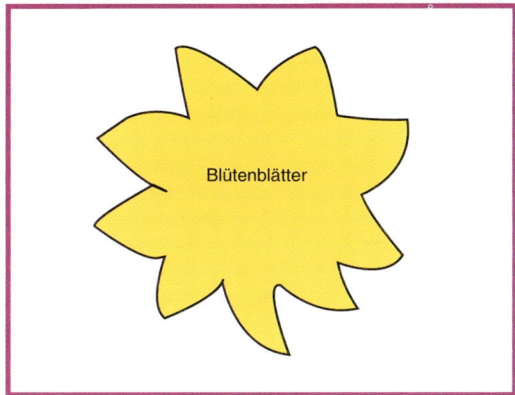

Blütenblätter

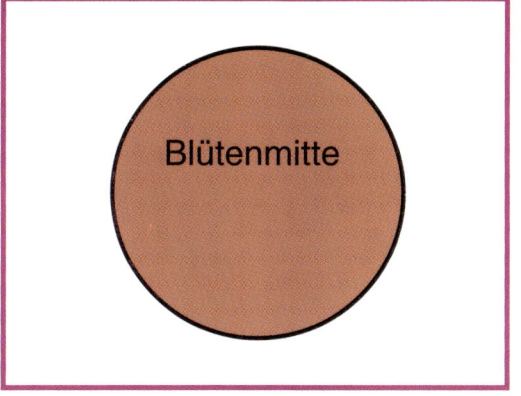

Blütenmitte

Pinguine im Eismeer

MATERIAL

Fichtenleimholz, 16 mm, 15 x 15 cm
Sperrholz, 5 mm, ca. 20 x 40 cm
Aluvierkant, 15 x 15 mm, 1 m lang
Alurohr, 7 mm Durchmesser, 25 cm lang
Holzscheibe, 4 cm Durchmesser, 1 cm dick (Bastelladen)
Holzwürfel, Kantenlänge 1,5 cm
Weiße und schwarze Schnur
Bastelmattlack (oder Dispersionsfarbe) in Rot, Gelb, Blau, Schwarz und Weiß
Farbloser Lack
Kleber
Schleifpapier
Kleine Nägel

WERKZEUG
Bleistift
Lineal
Schere
Verschiedene Pinsel
Bohrmaschine
3er und 8er Bohrer
Eisensäge
Feine Eisenfeile
Laubsäge
Hammer

AUFHÄNGUNG VORBEREITEN

• Die Schemazeichnung für die Aufhängung auf 15 cm Seitenlänge vergrößern und auf Schreibmaschinenpapier übertragen. Alle Bohrungen mit einem Nagel auf die Fichtenplatte durchdrücken. Löcher mit dem 3er Bohrer bohren.

PINGUINE UND LANDSCHAFT SÄGEN

• Die Zeichnung für die Pinguine und die Seitenfläche mit Kopierpapier auf Schreibmaschinenpapier übertragen. Entlang der Konturen ausschneiden.
• Alle Teile mit Bleistift auf das Sperrholz aufzeichnen, dabei zwei der Seitenteile in der Breite der gestrichelten Linien, das dritte in der vollen Breite aufzeichnen und mit der Laubsäge aussägen. Alle Kanten schleifen.

KLANGSTÄBE BOHREN

• Von dem Aluvierkant fünf Stäbe mit 14 cm, 16 cm, 18 cm, 20 cm und 22 cm Länge absägen. Die Sägekanten mit der Eisenfeile entgraten.
• Mit dem 3er Bohrer in die Klangstäbe und das Alurohr ca. 0,5 cm von beiden Enden entfernt jeweils ein Loch und in den Holzwürfel mittig ein Loch bohren.
• In die Holzscheibe mittig ein Loch mit 8 mm Durchmesser bohren.

Vorderseite

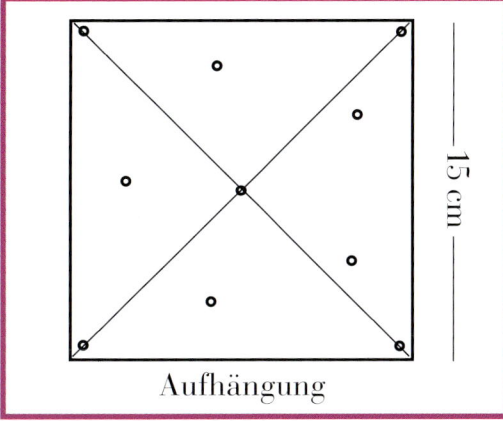

15 cm

Aufhängung

TEILE BEMALEN UND NAGELN

● Alle Teile aus Holz zuerst weiß grundieren, eventuell zweimal für vollständige Deckkraft. Nach dem Trocknen die Innenzeichnung der Pinguine mit Kopierpapier auf das grundierte Holz übertragen und entsprechend der Vorlage farbig ausmalen (falls Sie Dispersionsfarbe verwenden, nach dem Trocknen noch farblos lackieren).

● Die Pinguine und die breitere Eismeerfläche an die gegenüberliegenden Seiten so mit drei Nägeln befestigen, daß die Kanten unten mit der Fichtenplatte abschließen, zu beiden Seiten sollen sie je 0,5 cm überstehen. Die schmalen Seitenflächen dazwischensetzen und festnageln.

Seitenfläche 3mal

KLANGKÖRPER AUFHÄNGEN

● Je zwei 80 cm lange schwarze Schnüre von oben durch die Bohrungen in den Ecken der Fichtenplatte fädeln und unter der Platte verknoten. Dabei die Platte so aus-

balancieren, daß sie waagrecht hängt. Die Holzscheibe auf das Alurohr schieben mit 10 cm Abstand zu einem Ende, von der Unterseite her mit Kleber fixieren. Durch die darunterliegende Bohrung den weißen Holzwürfel mit schwarzer Schnur befestigen.

● Das Alurohr in der mittigen Bohrung mit weißer Schnur festknoten, die Aluvierkantrohre in den darumliegenden fünf Bohrungen befestigen.

Klingende Blumentöpfchen

KLEINER BLUMENTOPF

• Die blaue Blüte von der Vorlage mit Kopierpapier auf Schreibmaschinen-papier durchzeichnen. Am zweck-mäßigsten ist es, wenn Sie die beiden Teile (äußerer Umriß und innerer Kreis) einzeln kopieren und ausschneiden. Je dreimal auf den hell- und mittelblauen Moosgummi übertragen. Blüten ausschneiden und zusammenkleben.

• Mit dem Zirkel auf den hellgrünen Moosgummi fünf Kreise mit je 40 mm Durchmesser aufzeichnen und ausschneiden. Kreise zur Hälfte legen und mit einem Klebepunkt zusammenkleben.

• Auf ca. 15 cm lange Blumendrähte die Blüten aufspießen, an der Unter-seite zusätzlich mit Kleber fixieren. An die Enden von fünf ebensolangen Drähten mit einer gebogenen Öse je ein Glöckchen hängen und den Draht durch die zur Hälfte geklebten Blätter schieben.

• Aus Sperrholz einen Kreis mit 50 mm Durchmesser sägen. Acht Löcher für die Drähte in die Sperr-holzscheibe bohren.

Übrigens …

Moosgummi ist das ideale Bastelmaterial für Kinder. Sie können es in jedem Bastel- und Schreibwarenladen in den Größen A4 und A3 in vielen farbenfrohen Tönen kaufen, es gibt eine dünnere und eine etwas stärkere Qualität (ca. 2 und 4 mm dick).
Kinder lieben es nicht nur wegen der angenehmen Oberfläche, die weich, aber formstabil ist, es läßt sich auch mit jeder Kinderschere wie Papier schneiden, mit jedem Alleskleber kleben, mit Nadeln zusammennähen, es lassen sich Löcher stanzen, Nieten einschlagen, es reißt nicht, und man kann darauf sogar mit Filzstiften malen. Wenn Ihre Kinder erst einmal damit an-fangen, werden sie vielfältige Einsatzmöglichkeiten finden.

• Den Blumentopf mit Steckmoos bis zu 2/3 Höhe füllen.
• Die Scheibe waagrecht auf das Steckmoos setzen und am Rand mit Kleber fixieren.

• Durch das Wasserloch am Boden ein Rundholz oder einen starken Draht (schwingt noch mehr im Wind) in das Steckmoos stecken, am Rand zusätzlich mit Kleber fixieren. Blumentopf innen ganzflächig und außen mit blauen Streifen bemalen, ebenso die Bodenhalterung.
• Die Drähte für die Blüten und Glöckchen durch die Bohrungen stecken, die Längen sollen dabei variieren.

GROSSER BLUMENTOPF
• Die grüne Blüte von der Vorlage mit Kopierpapier auf Schreibmaschinenpapier durchzeichnen. Je zweimal auf hellgrünen, mittelblauen und rosa Moosgummi übertragen. Blüten ausschneiden und zusammenkleben.
• Mit dem Zirkel auf den dunkelgrünen Moosgummi zehn Kreise mit je 60 mm Durchmesser auf-

zeichnen und ausschneiden. Kreise zur Hälfte legen und mit einem Klebepunkt zusammenkleben.
• Auf ca. 20 cm langen Blumendrähten die Blüten und Glöckchen wie oben beschrieben befestigen.
• Aus Sperrholz eine Scheibe mit 70 mm Durchmesser sägen. Weiterarbeiten wie oben, der Topf wird jedoch nur innen und am Stab in Grün bemalt.

Vogelente

MATERIAL

Fichtenleimholzplatte, 20 mm, 30 x 30 cm
Alurohr, 15 mm Durchmesser, 1 m lang
Dünne blaue und rote Satinbändchen
Schrauböse
Bastelmattlack (oder Dispersionsfarbe) in Hell- und
   Dunkelblau, Orange, Rot, Weiß und Schwarz
Holzbeize in Mahagoni oder Bastellack
Kopierpapier und Zeichenpapier DIN A 3
Schleifpapier

WERKZEUG

Laubsäge
   oder Stichsäge
Metallsäge
Feine Metallfeile
Pinsel
Bohrmaschine
3er Bohrer
Schere
Bleistift

MOTIV ÜBERTRAGEN

- Mit Kopierpapier den Vogel samt Ast auf das Zeichenpapier durchzeichnen. Entlang der Kontur ausschneiden.
- Die Außenkontur und Innenzeichnung auf die Leimholzplatte übertragen und entlang der Umrisse mit Laub- oder Stichsäge aussägen. Die Bohrungen für die Aufhängung mit dem 3er Bohrer ausführen. Kanten schleifen.

ENTE BEMALEN

• Die Farbflächen entsprechend der Vorlage bemalen.

• Den Ast mit stark verdünnter Mahagonibeize streichen. Eventuell mit einem Lappen die überschüssige Farbe wieder abwischen.

• Falls Sie nicht extra Beize kaufen wollen, können Sie auch stark verdünnten Bastellack auftragen; am besten die Intensität vorher auf der Rückseite ausprobieren.

KLANGSTÄBE SÄGEN UND AUFHÄNGEN

• Vom Alurohr mit der Metallsäge fünfmal je 20 cm absägen. Die Sägekanten mit Schleifpapier oder Metallfeile entgraten.

• Ca. 0,5 cm von einem Ende der Rohre entfernt jeweils mittig ein Loch bohren.

• Blaue Satinbändchen ca. 10 cm lang abschneiden und die Rohre damit aufhängen.

• In die eingezeichnete Stelle an der Oberseite des Vogels eine Schrauböse drehen, ein ca. 50 cm langes rotes Satinband durchziehen und zur Schleife binden.

Übrigens …

Damit Ihr Kind oder Ihre Kinder beim Werkeln nicht nur Zuschauer bleiben, sondern aktiv mitmachen, sollten Sie ein paar Tips beachten:

1. Lassen Sie die Motive von den Kindern selbst aussuchen. Wenn Sie meinen, Ihr Kind kann das nicht alleine bewältigen, sollten Sie anbieten, die schwierigeren Teile davon zu übernehmen.

2. Es ist ganz klar, daß Erwachsene vieles ganz schnell und genau ausführen können, verlieren Sie daher nicht die Geduld, auch wenn es etwas langsamer geht. Geradezu verboten ist der Satz »Das ist doch ganz einfach …«, denn eine Sache, die man das erste Mal macht, ist nie einfach, und es entmutigt die Kinder, sie verlieren die Lust.

3. Nicht das perfekte Nachmachen ist ausschlaggebend für ein kreatives Werk! Betrachten Sie die Vorlagen nur als Anregungen und lassen Sie den Kindern die Freiheit, eigene kreative Ideen daraus zu entwickeln. Die Ergebnisse sind dann oft viel interessanter und individueller.

Sommerwiese mit Schmetterlingen

MOTIVE ÜBERTRAGEN

• Die Blumen, Schmetterlinge und Schnecken von der Vorlage mit Kopierpapier auf Schreibmaschinenpapier durchzeichnen.

• Am einfachsten ist es, wenn Sie alle Einzelteile extra herauskopieren, z. B. von der großen gelben Blüte den äußeren Umriß, dann den ersten Kreis extra und genauso den zweiten Kreis. Wollen Sie genau die gleichen Farben wie in unserem Beispiel verwenden, notieren Sie sich am besten die Farben mit einer

Bezeichnung der Blume, z. B. »Blume 1, gelb; Blume 1, orange; Blume 1, rot« usw. (siehe Zeichnung). Genauso gehen Sie dann bei den Schnecken und dem Schmetterling vor, das erleichtert die Arbeit beim Übertragen auf Moosgummi.
• Teile aus Papier ausschneiden.

MOOSGUMMI AUSSCHNEIDEN

• Die Papierzuschnitte auf die verschiedenfarbigen Moosgummiplatten legen und die Umrisse mit Filzstift nachfahren. Alle Teile ausschneiden.
• Dabei beachten, daß die Vorder- und Rückseiten gleich gearbeitet werden. Sie brauchen also für die gelbe Blüte den orangefarbenen und roten Kreis zweimal, den gelben Mittelteil nur einmal.
• Bei den Schnecken die Flügel mit Körper einmal im ganzen, den Körper und die Punkte je zweimal zuschneiden. Beim Schmetterling gilt das gleiche. Die einzelnen Motive mit Bastelkleber aufeinanderkleben.

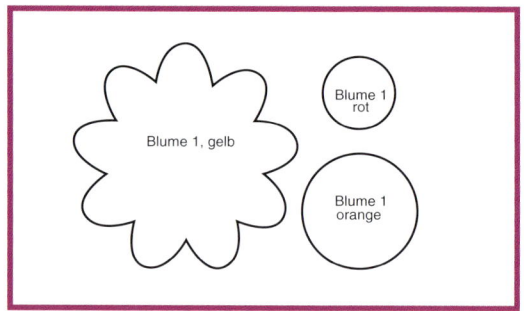

MOBILE AUFHÄNGEN

• Nylonfaden auf die Nähnadel fädeln, durch die Motive stechen, das Ende verknoten und ca. 20 cm lang abschneiden. Alle Motive mit Fäden versehen. Das Holzstäbchen grün streichen, auf die Enden mit Bastelkleber je eine Perle kleben.

● Die gelbe Schnur an den Enden des Stäbchens mit einer Schleife festbinden. Die Bastelhalme in den angegebenen Längen zuschneiden (siehe Schema), auf die Enden je eine Perle kleben. An jedem Halm mittig einen ca. 25 cm langen Nylonfaden festknoten.

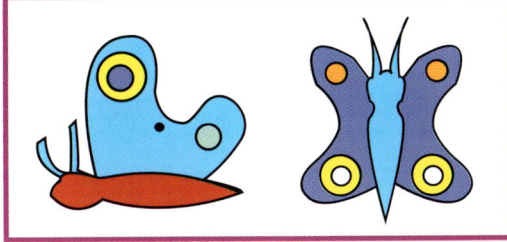

● Das Holzstäbchen am besten vor einer Wand aufhängen. Den mittleren kleinen Halm zuerst festknoten, beidseitig davon die Blume und die Schnecke, darunter den breiteren Halm mit Schnecke und Sonne, in die Mitte die Blume. An den Seiten genauso vorgehen.
● Sind alle Motive befestigt, müssen sie ausbalanciert werden. Wenn alles in der Waage hängt, am besten die Knoten der Perlonfäden auf den Halmen mit Kleber fixieren.

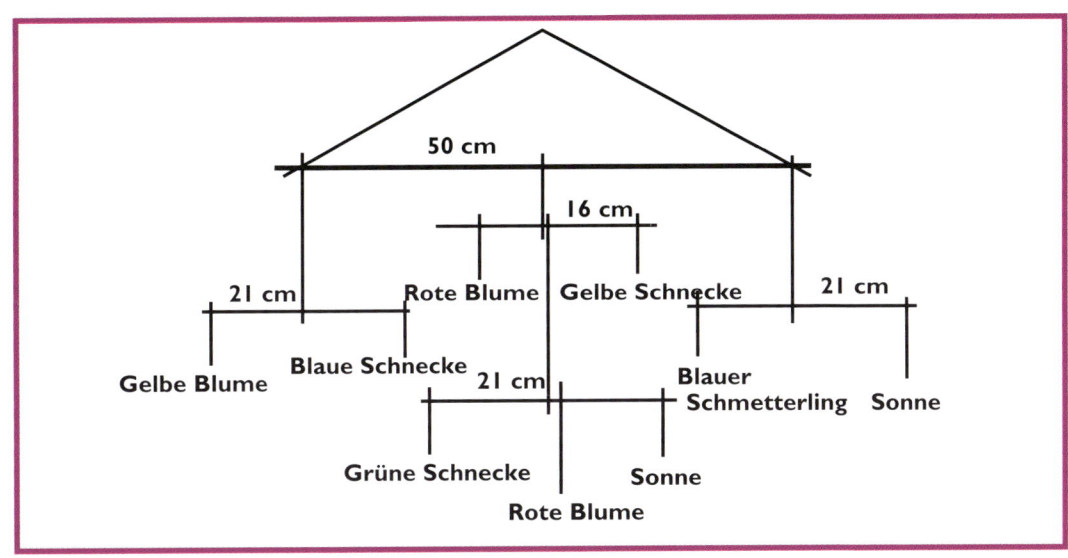

50 cm

16 cm

21 cm

Rote Blume Gelbe Schnecke

21 cm

Gelbe Blume

Blaue Schnecke

21 cm

Blauer
Schmetterling Sonne

Grüne Schnecke

Sonne

Rote Blume

Wolken, Mond und Sterne

MATERIAL

Gelbes Tonpapier
Weiße Mikrowellpappe
Holzstäbchen, 3 mm Durchmesser, 42 cm lang
2 blaue Bastelstrohhalme
10 gelbe Holzperlen mit Bohrung
Nylonfaden
Gelbes Satinband, 60 cm lang
Schreibmaschinen- und Kopierpapier
Blaue Bastelfarbe
Bastelkleber

WERKZEUG
Schere
Bleistift
Nadel
Pinsel

• Sterne fünfmal und den Mond einmal auf Tonpapier, die Wolke viermal wie unten und viermal spiegelverkehrt auf Mikrowellpappe aufzeichnen. Motive ausschneiden. Je zwei Wolken aufeinanderkleben.

MOTIVE ÜBERTRAGEN

• Wolke, Mond und Sterne von der Vorlage mit Kopierpapier auf Schreibmaschinenpapier übertragen und entlang der Konturen ausschneiden.

MOBILE AUFHÄNGEN

• Das Holzstäbchen blau streichen. An beiden Enden je eine Perle aufstecken und festkleben.
• In die obere Wolke zusätzlich an beide Seiten ein Loch stechen. Oben ca. 10 cm Satinband durchstecken und verknoten. In die Löcher an den Seiten je 25 cm Satinband einknoten, das andere Ende neben den Perlen am Holzstäbchen festbinden.
• Holzstäbchen am besten an der Wand aufhängen.

Übrigens …

Es gibt eine Klebefolie in Neongelb, die Licht reflektiert, auch wenn es schon dunkel ist. Gerade für kleinere Kinder ist es faszinierend (und beruhigend), beim Einschlafen diesen Effekt zu betrachten, vor allem, wenn sich die Teile des Mobiles bewegen. Bekleben Sie entweder eine Seite des Monds und der Sterne vollflächig oder auch nur den Rand mit einem schmalen Streifen dieser Folie.

- Auf vier je 10 cm lange Strohhalme an den Enden Perlen aufstecken und festkleben. In der Mitte der Halme je einen 20 cm langen Nylonfaden festknoten.
- Nylonfaden auf die Nadel fädeln und alle Motive durchstechen, ein Ende verknoten und den Faden ca. 20 cm lang abschneiden.
- Den mittleren Halm am Holzstäbchen festknoten und nach dem Schema alle Motive befestigen. Zum Schluß die Stäbchen ausbalancieren und die Nylonknoten auf den Halmen mit Kleber fixieren.

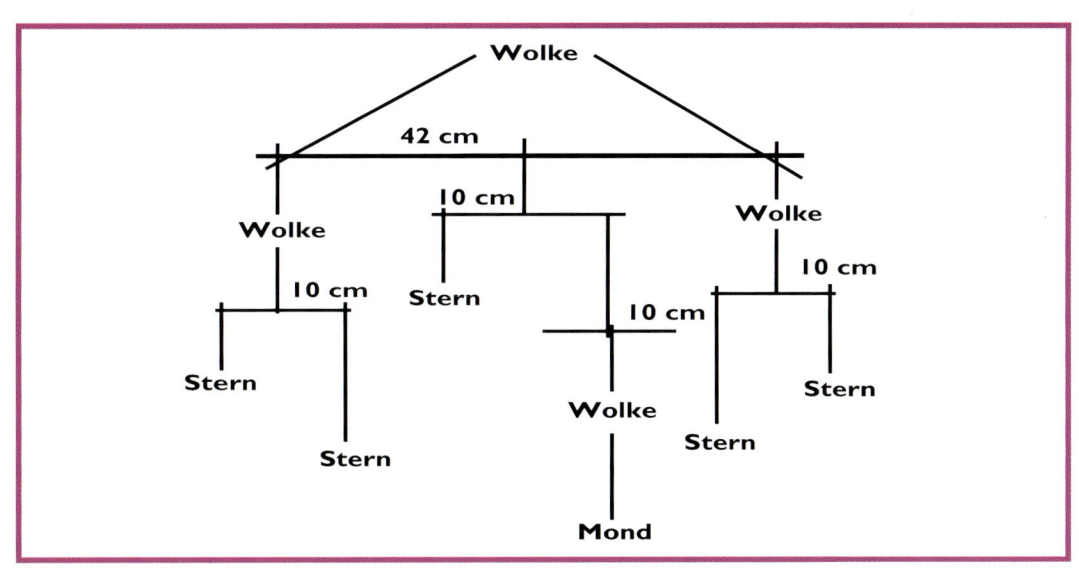

Zirkusdressur

MOTIVE ÜBERTRAGEN

• Die Motive von der Vorlage mit Kopierpapier auf Schreibmaschinenpapier durchzeichnen. Dabei darauf achten, daß die Grundform, z.B. der Löwenkörper, im Ganzen aufgezeichnet wird, die Mähne, die Füße, der Schwanz und die Schnauze jedoch extra durchgepaust werden.

• Sie sollten sich außerdem immer notieren, welche Seite vorne bzw. hinten ist, da Sie jedes Teil von beiden Seiten aus Mikrowellpappe ausschneiden müssen.

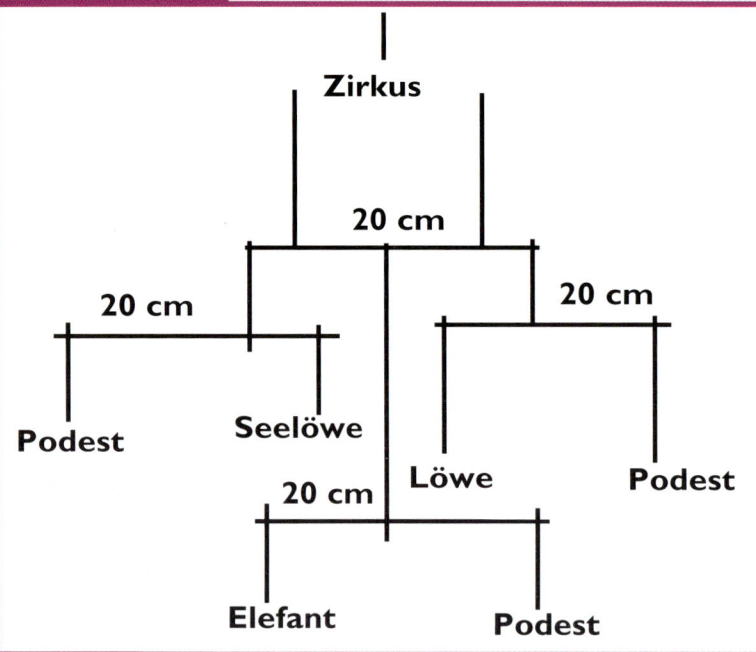

• Die Motive entlang der Konturen ausschneiden und mit Bleistift auf die Rückseite der Mikrowellpappe in der entsprechenden Anzahl aufzeichnen. Motive ausschneiden.

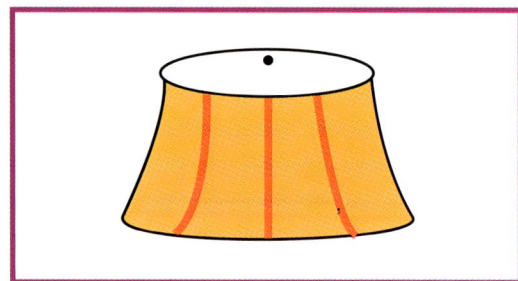

• Alle Teile so zusammenkleben, daß sie vorne und hinten gleich aussehen.

MOBILE AUFHÄNGEN

• In die Spitze des Zelts ca. 50 cm lange gelbe und rote Lederschnüre fädeln und miteinander verknoten, die Enden jeder Schnur einzeln miteinander verbinden.

• In die Löcher rechts und links an der Unterkante eine rote und gelbe Schnur mit einer Schleife festbinden, damit den ersten Strohhalm festbinden.

• Zirkuszelt an der Wand aufhängen.

• An alle Enden der Halme rote Perlen aufstecken und festkleben.

- Nylonfaden auf die Nadel fädeln und alle Motive mit der Nadel durchstechen, jeweils ein Ende direkt über dem Motiv mehrmals verknoten.
- Am mittleren Halm einen ca. 25 cm langen Nylonfaden mittig anknoten, darunter den nächsten Halm befestigen.

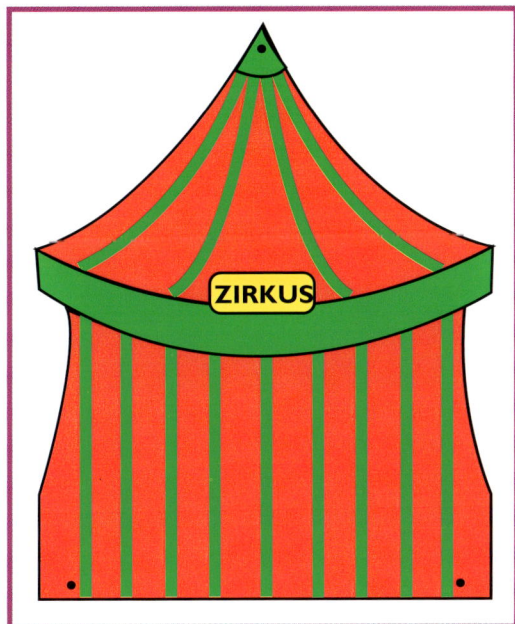

- Die restlichen beiden Halme an den Seiten des mittleren Halms festknoten.
- Nach dem Schema die einzelnen Motive befestigen.
- Alle Stäbchen ausbalancieren, zum Schluß die Knoten mit Bastelkleber fixieren.

Fliegende Ente

MATERIAL

Fichtenholz, 20 mm, ca. 15 x 40 cm
Vierkantholz, 25 x 25 mm, 2,50 m lang
Rundholz, 20 mm Durchmesser, 14 cm lang
Rundholz, 10 mm Durchmesser, ca. 80 cm lang
Sperrholz, 3 mm, 20 x 40 cm
Schleifpapier
Acryllack in Türkis, Weiß, Orange, Rot und Blau
Kopierpapier
Holzleim
Messingrohr, 5 mm Durchmesser, 5 cm lang
2 Beilegscheiben M 4
2 Schrauben, 3,5 x 60 mm

WERKZEUG
Feinsäge
Laubsäge
Bohrmaschine
10er und
** 20er Bohrer**
Pinsel
Holzfeile

TEILE AUSSÄGEN UND BOHREN

• Die Konturen der Ente von der Vorlage mit Kopierpapier auf das Fichtenholz übertragen. Die Flügel (siehe Zeichnung a) viermal auf Sperrholz aufzeichnen. Die Entenflügel am Körper (siehe Zeichnung b) zweimal auf Sperrholz aufzeichnen.

• Mit der Laubsäge entlang der Konturen aussägen. Alle Kanten mit Schleifpapier glattschleifen.

• Die Bohrung für die Flügelbefestigung in der Körpermitte und für den Stab am Bauch ausführen.

• Die Entenflügel auf den Körper kleben. Entenkörper und Flügel in den entsprechenden Farben zweimal lackieren.

FLÜGELLAGER ZUSAMMENBAUEN

• Vom Vierkantholz zwei Stücke mit je 11 cm Länge absägen.

• Beide Enden der Hölzer mit der Feinsäge diagonal 2 cm tief einsägen, dabei müssen beide Schnitte um 180 Grad zueinander versetzt ausgeführt werden (in diese Schnitte werden später die Flügel gesteckt).

• In die Mitte jedes Holzstücks eine durchgehende Bohrung mit 5 mm Durchmesser für die Messingbuchse bohren.

• Das Messingrohr mit der Säge in zwei 2.5 cm lange Stücke teilen und in die Bohrung stecken.

• Eine Schraube durch eine Beilegscheibe stecken und dann durch die Messingbuchse schieben.

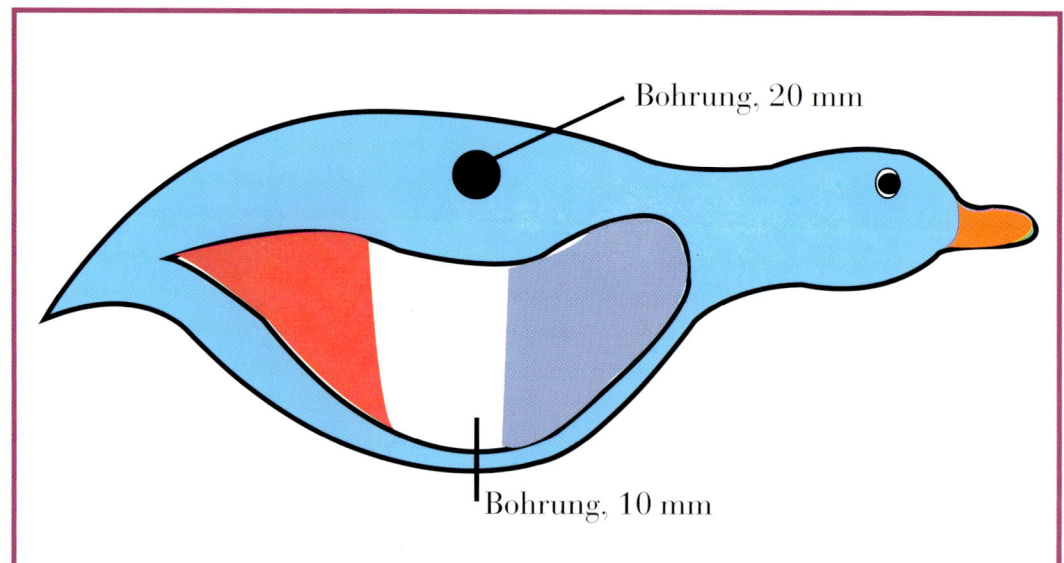
Bohrung, 20 mm
Bohrung, 10 mm

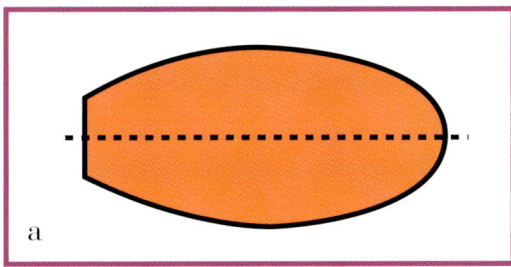

a

FLÜGEL VORBEREITEN

- Die geraden Enden der Flügelflächen etwas abschleifen, so daß sie sich leicht in die Einschnitte der Vierkanthölzer stecken lassen. Flügel zweimal lackieren. In die Einschnitte der Vierkanthölzer wenig Holzleim streichen und die Flügel einstecken.
- Das Trägerrundholz lackieren und von unten in die Bohrung des Entenkörpers kleben.

- Das Ende der Schraube mittig in das 14 cm lange Rundholz drehen. Rundholz durch die Bohrung des Entenkörpers schieben.
Das Rundholz muß sich leicht drehen lassen, ansonsten sollten Sie die Bohrung mit einer Feile etwas vergrößern.
- Am anderen Ende das zweite Flügellager gegengleich aufbauen.

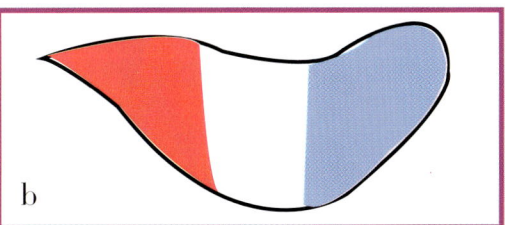

b

Karotte mit Hase

MATERIAL

Fichtenleimholz, 35 mm, 40 x 15 cm (Karotte)
Fichtenleimholz, 20 mm, 15 x 20 cm (Hase und Blatt)
Sperrholz, 5 mm, 15 x 25 cm (Flügel)
Holzscheibe, 4 cm Durchmesser (Bastelladen)
Orange Holzperle mit Bohrung, 12 mm Durchmesser
3 Holzdübel, 5 mm Durchmesser
Alurohr, 12 mm Durchmesser, 70 cm lang
Bastelmattlack (oder Dispersionsfarbe) in Orange,
Braun, Grün, Weiß, Rosa, Schwarz und farbloser Lack
Holzleim
Schleifpapier
Schreibmaschinen- und Kopierpapier
Nagel, 4 cm lang
2 Beilegscheiben

WERKZEUG
Bleistift
Schere
Pinsel
Hammer
Bohrmaschine
5er und
12er Bohrer
Laubsäge
oder Stichsäge

MOTIVE ÜBERTRAGEN UND AUSSÄGEN

• Karotte, Blatt, Flügel und Häschen von der Vorlage mit Kopierpapier auf Schreibmaschinenpapier durchzeichnen und ausschneiden.

• Die Motive auf das entsprechende Holz in der jeweils angegebenen Menge laut Materialangaben übertragen. Entlang der Konturen aussägen. Mit Schleifpapier alle Kanten glätten bzw. anschrägen.

• Die Löcher für das Blatt und den Hasen 5 mm dick und für den Alustab 12 mm dick an den eingezeichneten Stellen an der Karotte bohren.

• In die Holzscheibe drei Kerben je 1 cm tief für die Flügel einsägen, zusätzlich mittig mit einem 5er Bohrer ein Loch bohren.

EINZELTEILE BEMALEN

• Alle Teile laut Zeichnung in den entsprechenden Farben bemalen. Das Häschen zuerst weiß grundieren, danach die Innenzeichnung mit dem Kopierpapier aufzeichnen und farbig bemalen. Falls Sie Dispersionsfarbe verwenden, nach dem Trocknen mit Klarlack überlackieren.

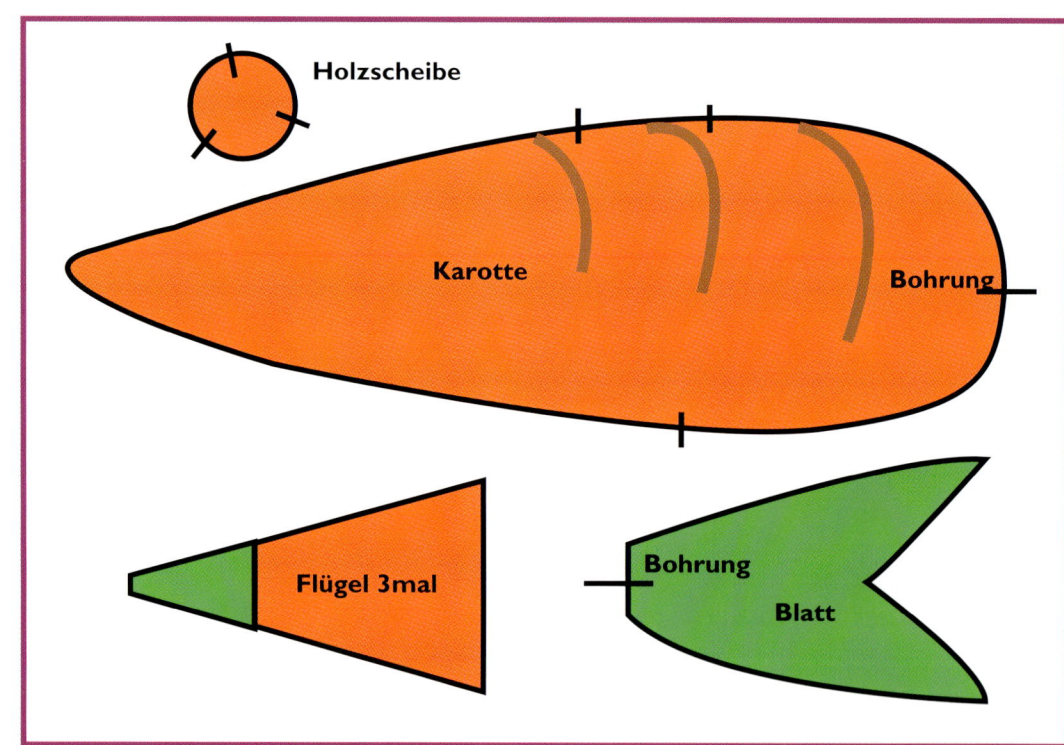

Holzscheibe

Karotte

Bohrung

Flügel 3mal

Bohrung

Blatt

WINDMÜHLE ZUSAMMENBAUEN

• Blatt und Häschen mit den Holz-
dübeln an der Karotte befestigen.
Dazu Holzleim in die Bohrlöcher
streichen und die Dübel fest ein-
drücken, eventuell einen Hammer
zu Hilfe nehmen.

• Das Alurohr ebenfalls in die Bohrung an der Unterseite der Karotte
stecken, am Bohrrand zusätzlich mit
Kleber fixieren. Die Flügel mit
Holzleim in den Kerben der Holzscheibe befestigen.

• Nach dem Trocknen den Nagel
durch die Holzperle und die Holzscheibe stecken, danach zwei Beilegscheiben daraufschieben und
anschließend mit dem Hammer in
die Spitze der Karotte schlagen.

• Der Nagel muß fest sitzen, die Holzscheibe muß aber noch etwas Spiel
haben, damit sich die Flügel problem-
los und gleichmäßig im Wind drehen.

Haus mit Windmühle

MATERIAL

Fichtenleimholz, 20 mm, 45 x 30 cm
Sperrholz, 5 mm, 35 x 20 cm
6 Holzscheiben, 4 cm Durchmesser, 1 cm dick (Bastelladen)
Vierkantholz, 18 x 18 mm, 60 cm lang
4 Beilegscheiben
2 Nägel, 4 cm lang
4 Holzschrauben
Bastelmattlack (oder Dispersionsfarbe) in Blau, Braun, Weiß und Schwarz und farbloser Lack
Holzleim
Kopierpapier
Zeichenpapier DIN A3

WERKZEUG
Bleistift
Schere
Feinsäge
Laubsäge oder Stichsäge
Hammer
Schraubendreher

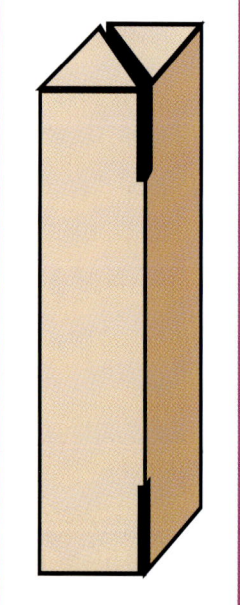

FORMEN ÜBERTRAGEN UND SÄGEN

• Das Haus und den Flügel mit Kopierpapier auf das Zeichenpapier durchzeichnen.
• Die Konturen des Hauses auf das Leimholz und des Flügels viermal auf das Sperrholz übertragen.
• Haus und Flügel aussägen, die Kanten mit Schleifpapier glätten.

HAUS UND FLÜGEL BEMALEN

• Mit dem Lineal die Farbflächen der Flügel und des Hauses markieren. Farben beidseitig flächig auftragen, zur besseren Deckkraft den Anstrich nach dem Trocknen wiederholen.
• Mit dem Kopierpapier die Innenzeichnung des Hauses und die kreisrunde Markierung für die Holzscheibe auf das Haus übertragen.
• Fenster und Tür aufmalen. Falls Sie Dispersionsfarben benützen, nach dem Trocknen mit Klarlack imprägnieren.

FLÜGEL BEFESTIGEN

• Vom Vierkantholz zwei je 4,5 cm lange Stücke absägen. Die Enden der Hölzer diagonal ca. 1 cm tief einsägen (siehe Zeichnung). Hölzer und Holzscheiben weiß grundieren.
• Etwas Holzleim in die Einkerbungen der Vierkanthölzer streichen und die Flügel hineinschieben. Überschüssigen Leim wegwischen.
• Je zwei Holzscheiben nach dem Trocknen aufeinanderkleben.

• Einen Nagel mittig durch ein Vierkantholz schlagen, zwei Beilegscheiben daraufschieben und den Nagel mittig in die aufeinandergeklebten Holzscheiben schlagen. Der Nagel muß fest sitzen, die Flügel müssen sich aber leicht drehen lassen.

- Die Holzscheiben mit den Flügeln auf der markierten Stelle am Haus festkleben.
- Auf der Rückseite den zweiten Flügel ebenso befestigen.
- Das restliche Vierkantholz weiß streichen und auf der Rückseite des Hauses mit vier Holzschrauben als Trägerstecken befestigen.

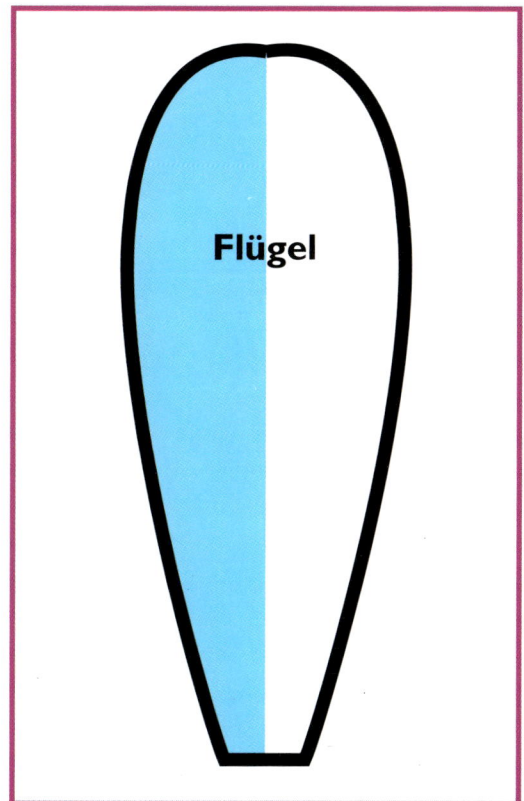

Flügel

Übrigens …

Eine Windmühle ist eine tolle Geschenkidee für frischgebackene Hausbesitzer zur Einzugsparty. Aber auch Wohnungsmieter freuen sich über ihr Traumhaus, z.B. eine alte Burg oder ein Schlößchen in Windmühlenform für den Balkon oder die Terrasse. Als Geschenk sollte die Windmühle das eigene Haus oder das Traumhaus widerspiegeln. Zeichnen Sie die Form des Originals auf Papier und legen Sie die Bemalung fest. Trauen Sie sich das nicht zu, machen Sie ein Frontalfoto vom Haus und vergrößern Sie die Fotografie am Kopierer. Daraus läßt sich die Vorlage zum Aussägen entwickeln, zum Schluß setzen Sie wie oben beschrieben die Flügel auf.

Sonnenblume

MATERIAL

Fichtenleimholz, 20 mm, 12 x 12 cm
Sperrholz, 5 mm, 30 x 50 cm
Holzscheibe, 4 cm Durchmesser, 1 cm dick (Bastelladen)
Holzperle mit Bohrung, 15 mm Durchmesser
Vierkantholz, 30 x 30 mm, 7 cm lang
Vierkantholz, 15 x 15 mm, 70 cm lang
2 Holzschrauben
1 Nagel, 4 cm lang
2 Beilegscheiben
Bastelmattlack (oder Dispersionsfarbe) in Gelb, Orange,
    Rot und Grün und Klarlack
Schreibmaschinen- und Kopierpapier
Holzleim
Schleifpapier

WERKZEUG

Winkel oder
    Geodreieck
Bleistift
Zirkel
Schere
Feinsäge
Laubsäge
    oder Stichsäge
Bohrmaschine
5er Bohrer
Schraubendreher
Pinsel

TEILE AUSSÄGEN

• Blütenblatt und Sonnenblume mit Kopierpapier auf das Schreibmaschinenpapier durchzeichnen. Das Blütenblatt 13mal auf Sperrholz aufzeichnen.

• Teile aussägen. Alle Kanten mit Schleifpapier glätten.

• Die Kerben für die Blütenblätter mit dem Geodreieck im 45-Grad-Winkel auf der Leimholzscheibe rundum anzeichnen. Die Kerben sind auf der Vorderseite der Sonnenblume 1 cm, auf der Rückseite 3 cm tief.

• Kerben mit der Feinsäge einsägen. Haben Sie eine Kreissäge, geht das viel einfacher: das Sägeblatt auf

45 Grad schrägstellen und an den Markierungen ansetzen, die Schnitttiefe auf der Vorder- und Rückseite wird automatisch 1 cm bzw. 3 cm tief.

• Die Holzscheibe und die Sonnenblume mittig mit dem 5er Bohrer durchbohren.

SONNENBLUME BEMALEN

• Die einzelnen Teile mit Gelb zweifach grundieren. Den Ansatz der Blütenblätter mit Orange nachmalen, ebenso den Rand der Sonnenblume.

Vierkanthölzer in Grün streichen. Falls Sie Dispersionsfarben benützen, alles mit Klarlack überstreichen.

SONNEN-WINDMÜHLE ZUSAMMENBAUEN

● Den Nagel durch die Holzperle und die Bohrung der Holzscheibe und der Sonnenblume stecken. Zwei Beilegscheiben auf den Nagel schieben. Den Nagel mittig in den Querschnitt des kurzen Vierkantholzes schlagen.

● Die Kerben der Sonnenblume mit Holzleim bestreichen und die Blütenblätter reinschieben.

● Das lange Vierkantholz mit zwei Schrauben auf dem Querschnitt des kurzen Vierkantholzes festschrauben.

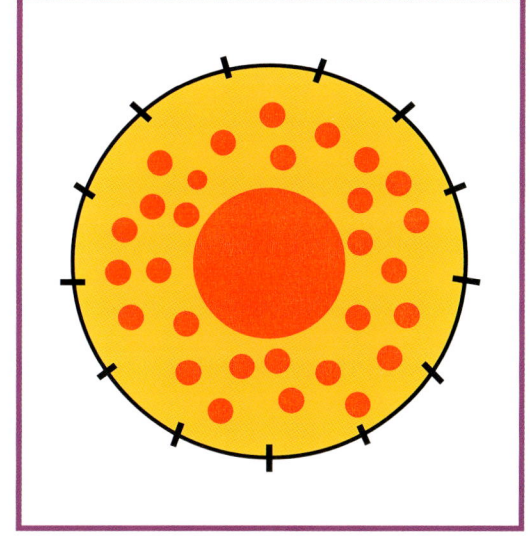

● Auf die Mitte Pünktchen in Rot auftupfen. Holzscheibe und Holzperle ebenfalls rot bemalen. Die beiden

Übrigens ...

Wenn Sie die Sonnenblume verschenken möchten, bringen Sie sie doch in einen Blumenladen und lassen sie als Mittelpunkt in einen Blumenstrauß binden, z. B. im Hochsommer mit einigen Rittersporrnstielen und großen Blättern oder im Herbst mit Getreide, Gräsern und gefärbten Blättern von Laubbäumen. Natürlich können Sie den Strauß auch selbst binden mit Blumen und Zweigen aus dem Garten oder der freien Natur.

Windräder

RÄDER AUFZEICHNEN UND SCHNEIDEN

• Auf Moosgummi oder Tonpapier zwei Quadrate wie auf den Vorlagen b und c aufzeichnen. Die Einschnittlinien auf die Quadrate zeichnen, dabei die Querzeichen für das Ende der Einschnitte beachten.

• Mit der Lochzange an den eingezeichneten Stellen in der Mitte und den Spitzen der Dreiecke Löcher einstanzen.

RÄDER ZUSAMMENBAUEN

• Das Quadrat mit den versetzten Einschnitten (hier violett) mittig um 45 Grad verdreht unter das Quadrat mit den diagonalen Einschnitten legen. Die Spitzen des violetten Quadrats durch die Einschnitte des roten Quadrats nach vorne ziehen (siehe Zeichnung a). Wenn die Flügel alle richtig liegen, durch das Loch in der Mitte beider Lagen eine Öse schlagen.

• Jetzt eine Spitze der roten Flügel mit Loch zur Mitte hin legen, darauf die Lochspitze des

a

links danebenliegenden violetten Flügels, danach wieder einen roten Flügel usw. Das Loch des letzten Flügels dabei immer auf das Loch des darunterliegenden Flügels legen.

• Sind alle Flügelspitzen zur Mitte gelegt, durch alle Löcher der Flügel eine Öse schlagen.

WINDRAD BEFESTIGEN

• Aus Moosgummi einen Kreis mit 4 cm Durchmesser schneiden, in die Mitte ein Loch stanzen. Um das Ende des Holzstabs drei- bis viermal den Draht wickeln. Das kurze Ende mit dem längeren mit Hilfe der Zange verdrehen, so daß die Wicklungen auf dem Stab festsitzen.

• Auf das lange Drahtende eine Perle schieben, danach die hintere und die vordere Öse des Windrads, die Moosgummischeibe und eine Holzperle daraufstecken.

• Draht dicht an der Perle mit der Zange zur Schlinge biegen und abknipsen.

KLEINERE WINDRÄDER

• Wollen Sie ein Windrad basteln, das kleiner als 15 cm ist, müssen Sie bei der hinteren Lage die Markierungen für die schrägen Einschnitte ändern, es sind dann nicht mehr 1 und 3 cm, sondern 0,5 und 2 cm.

• Am besten probieren Sie verschiedene Größen aus, denn ein Windrad ist schnell gemacht, und es ergeben sich immer neue Varianten.

WINDRAD AUS KARTON
(Abbildung Seite 8)

• Die Flügelform (siehe Zeichnung d) mit Kopierpapier fünfmal auf Tonkarton übertragen.

- Am schönsten wird das Windrad, wenn man verschiedenfarbige Kartons verwendet.
- Flügel ausschneiden und mit der Lochzange die Löcher einstechen.

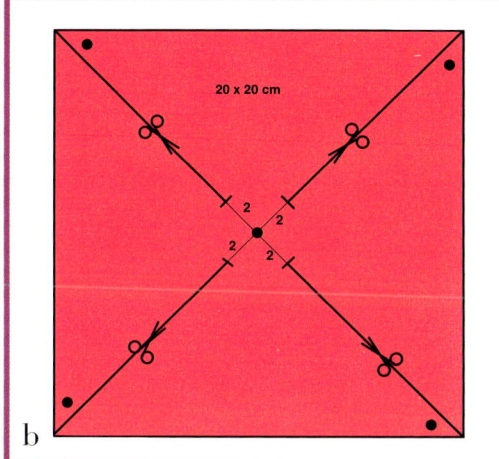

- Mit dem Bohrer am oberen Ende des Rundholzes ein Loch für den Haltedraht durch die Mitte bohren. Den Draht durchstecken und auf ein Ende eine Perle schieben. Das Ende dicht an der Perle mit der Rundzange zur Öse biegen. Auf das andere Ende des Drahtes eine etwa 25 mm lange, ovale Perle schieben.
- Jetzt die Flügel mit dem hinteren Loch nacheinander aufstecken.

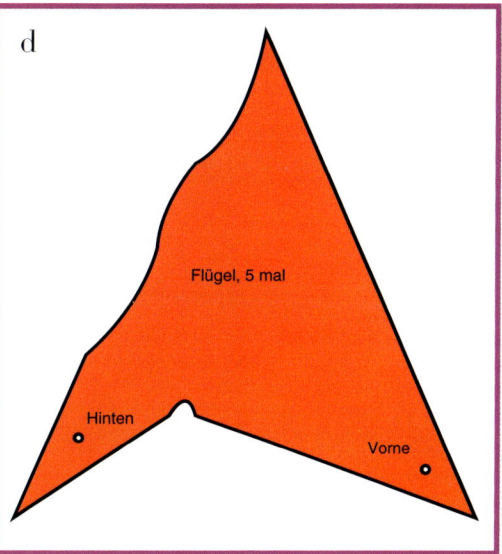

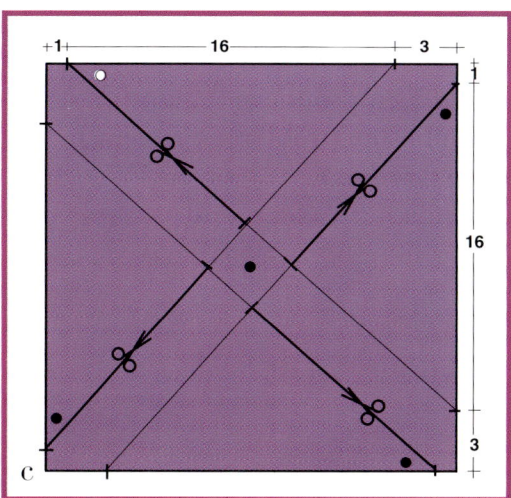

- Sind alle Flügel aufgefädelt, in der gleichen Farbfolge die Ecken mit den vorderen Löchern auf den Draht schieben.
- Eine Perle auf den Draht schieben und am Ende mit der Rundzange eine Öse biegen, die ca. 6 cm Abstand zum Rundholz hat.

Windradkette

MATERIAL

Kunststofffolie mit Metallicprägung (Grafik- oder Seglerbedarf)
Drei Perlen pro Rad
Blumendraht
Rund- oder Vierkantholz, ca. 70 cm lang
Bastelkleber

WERKZEUG
Schere
Lineal
Bleistift
Kugelschreiber oder Filzstift
Lochzange
Rundzange

WINDRÄDER AUS FOLIE AN DER STANGE

• Mehrere Quadrate laut Vorlage auf die Folie aufzeichnen, ausschneiden und die Einschnitte bis zur Markierung vornehmen.
• Die Ecken mit dem Punkt auf den Mittelpunkt legen, und zwar gegen den Uhrzeigersinn.
• Die Ecken mit Bastelkleber auf den Mittelpunkt und dann weiter aufeinanderkleben.

• Wenn der Kleber getrocknet ist, mit der Lochzange ein Loch in die Mitte durch alle Lagen stanzen.
• Eine Perle mittig auf Blumendraht fädeln und die zwei Drahtstücke mit der Zange ineinander verdrehen. Das Windrad daraufschieben, noch zwei Perlen auffädeln. Hinter der Perle zweimal fest verdrehen, die beiden Drahtenden aufbiegen, um das Rundholz legen und die Enden wieder fest verdrehen.
• Mehrere Windräder untereinander mit genügend Abstand zueinander am Rundholz befestigen.

10 x 10 cm

1,5

1,5   1,5

1,5

Windglocken

WINDGLOCKE BASTELN

● Den Blumentopf farbig lackieren. Aus dem Spinnakergewebe 2 cm breite Streifen schneiden.

● Die Streifen in beliebiger Farbfolge auf die Innenseite des Blumentopfrandes kleben.

● Beide Enden der Kordel als Aufhänger von unten durch das Loch im Blumentopf stecken und innen miteinander verknoten.

● Am schönsten wirken die Töpfe, wenn sie in einen Baum gehängt oder an einem Balkon- oder Terrassendach freihängend befestigt werden.

● Natürlich steigert sich die Wirkung, wenn Sie möglichst viele Töpfe in verschiedenen Farben und verschiedenen Bänderlängen aufhängen!

MATERIAL

**Blumentopf, 11 cm Durchmesser
Spinnakergewebe in 5 verschiedenen Farben, 110 cm breit, 10 cm lang (Drachen- oder Seglerladen)
Bastelmattlack (oder Dispersionsfarbe) in beliebigen Farben und Klarlack
Kordel, ca. 50 cm lang
Bastelkleber**

WERKZEUG
**Dünner Filzstift
Lineal
Schere
Pinsel**

Windturbine

MATERIAL

**Reste von Spinnakergewebe in verschiedenen Farben
  (Drachenladen oder Seglerbedarf)
Peddigrohr oder Fiberglas, 3 mm Durchmesser, 76 cm lang
Trinkhalm, mindestens 3 mm Durchmesser
Bastelkleber
Gelenkkarabiner (Drachenladen oder Seglerbedarf)
Ösen, 4 mm Durchmesser
Nähfaden**

WERKZEUG
**Schere
Dünner Filzstift
Ösenzange
Nähmaschine
Nähnadel**

TEILE ZUSCHNEIDEN

• Sechs gleiche Turbinenflügel nach der Vorlage, am besten aus verschiedenfarbigen Spinnakergeweben, zuschneiden.

• Jeden Flügel entlang der Schnittlinie bis zur roten Markierung einschneiden. Dieser Streifen dient zur Aufhängung.

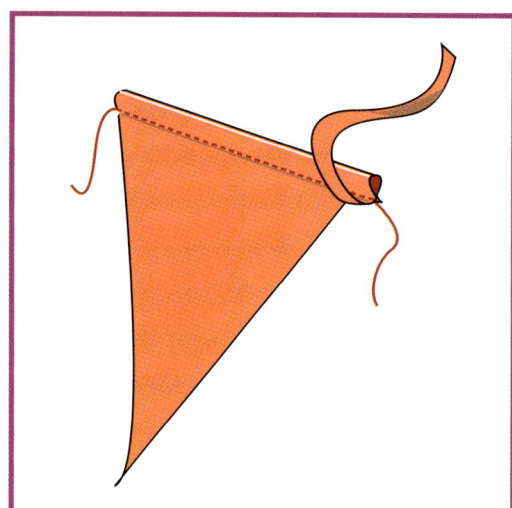

FLÜGEL NÄHEN

• An der oberen Flügelkante die Gewebeteile entlang der Umbruchlinie auf die linke Seite kippen. Die Bruchkante vorsichtig mit niedriger Einstellung bügeln.

• Die Stepplinie mit Stichlänge 4 von der linken Kante bis zur Quer-

markierung steppen, Anfang und Ende mit einigen Rückstichen sichern. Wichtig dabei ist, daß die Sticheinstellung nicht zu klein ist, das würde sonst wie eine Perforierung des Gewebes wirken und leichter reißen. Anstelle der Rückstiche kann man auch etwas Kleber auftragen.

TURBINE ZUSAMMENSETZEN

• Die Flügel nacheinander durch das genähte Tunnel auf das Peddigrohr oder das Fiberglasstäbchen fädeln.

• Peddigrohr bzw. Fiberglasstab zum Kreis schließen, indem Sie von einem Trinkhalm ein ca. 4 cm langes Stück abschneiden und in beide Enden einen Tropfen Kleber geben.

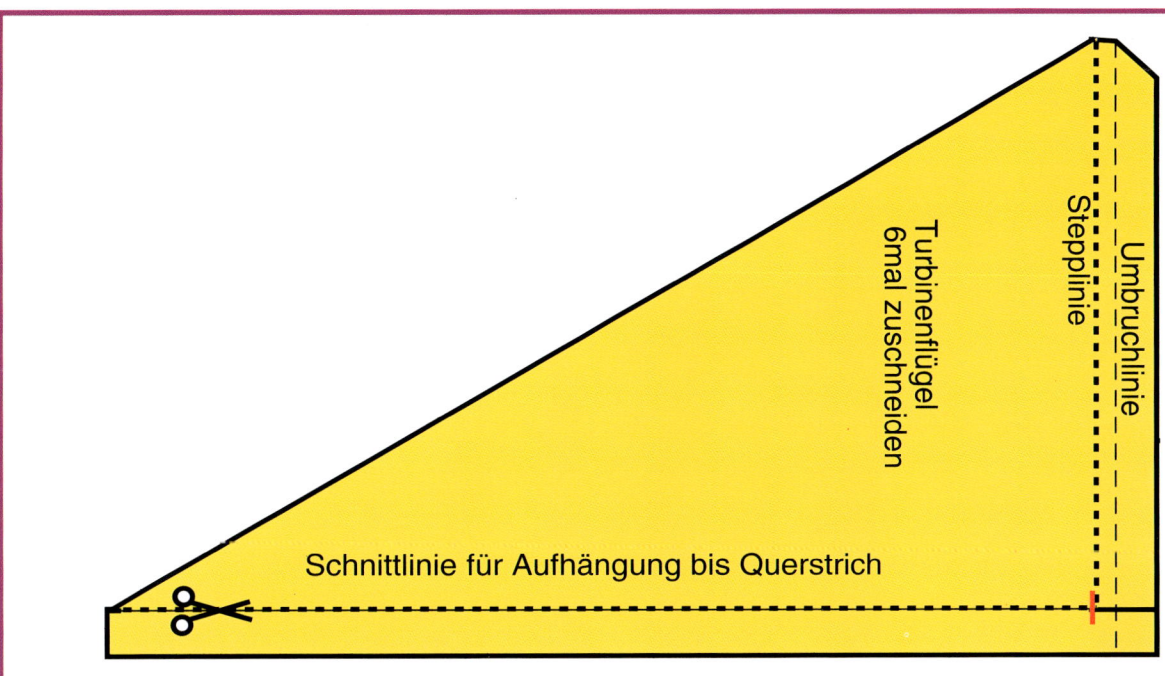

Umbruchlinie
Stepplinie
Turbinenflügel
6mal zuschneiden
Schnittlinie für Aufhängung bis Querstrich

- Trinkhalm beidseitig über die Enden des Peddigrohrs bzw. Fiberglasstabs schieben, so daß die Enden aneinanderstoßen. So lange festhalten, bis der Kleber getrocknet ist.
- Die unteren Enden der Turbinenflügel in der gleichen Folge wie auf dem Ring aufeinanderlegen und mittig mit einer Öse fixieren.
- Die schmalen Streifen für die Aufhängung nach oben klappen (siehe Zeichnung).
- Drei Bänder aufeinanderlegen, die untere Öse des Gelenkkarabiners darauflegen, die restlichen drei Bänder darüberlegen und mittig mit Nadel und Faden alle Gewebelagen und die Öse mehrmals durchstechen, die Fadenenden miteinander verknoten. Durch den Nähfaden wird der Gelenkkarabiner festgehalten.
- Turbine mit dem Karabiner frei aufhängen, je nach Windstärke dreht sich die Turbine, bei starkem Wind hebt sie sich nach oben.

Windhose

MATERIAL

Spinnakergewebe in Gelb, Rot und Violett,
  110 cm breit, je 20 cm lang
Schnittpapier
Nähfaden
Peddigrohr oder Fiberglas, 3 mm Durchmesser, 43 cm lang
Trinkhalm, mindestens 3 mm Durchmesser
Dünne Kordel zum Aufhängen
Kleiner Gelenkkarabiner
Bastelkleber

WERKZEUG
Nähmaschine
Schere

GEWEBE ZUSCHNEIDEN

• Schnitteile in Originalgröße auf Schnittpapier aufzeichnen. An der schrägliegenden eingezeichneten Naht auseinanderschneiden, beim Zuschneiden darauf achten, daß Sie zu beiden Seiten der Naht 0,5 cm Nahtzugabe dazurechnen müssen. Falls Sie die einzelnen Streifen nicht farbig unterteilen, dann an dieser Stelle nicht durchschneiden.
• Vor dem Zuschneiden die Querzeichen auf jedem Schnitteil einzeichnen. An den seitlichen Längskanten je 0,5 cm Nahtzugabe dazugeben. Streifen je sechsmal zuschneiden.

LÄNGSBAHNEN NÄHEN

• Die Teile an den schrägliegenden Nähten rechts auf rechts legen, die Naht 0,5 cm breit mit Sticheinstellung 4 steppen. Anfang und Ende mit Rückstichen sichern. An den oberen Kanten entlang der Umbruchlinie nach links kippen und entlang der Stepplinie steppen, Nahtanfang und -ende ebenfalls sichern. Die Streifen längs rechts auf rechts legen und von Querzeichen bis Querzeichen steppen (siehe Zeichnung). Streifen entlang der letzten Naht zum Ring schließen.

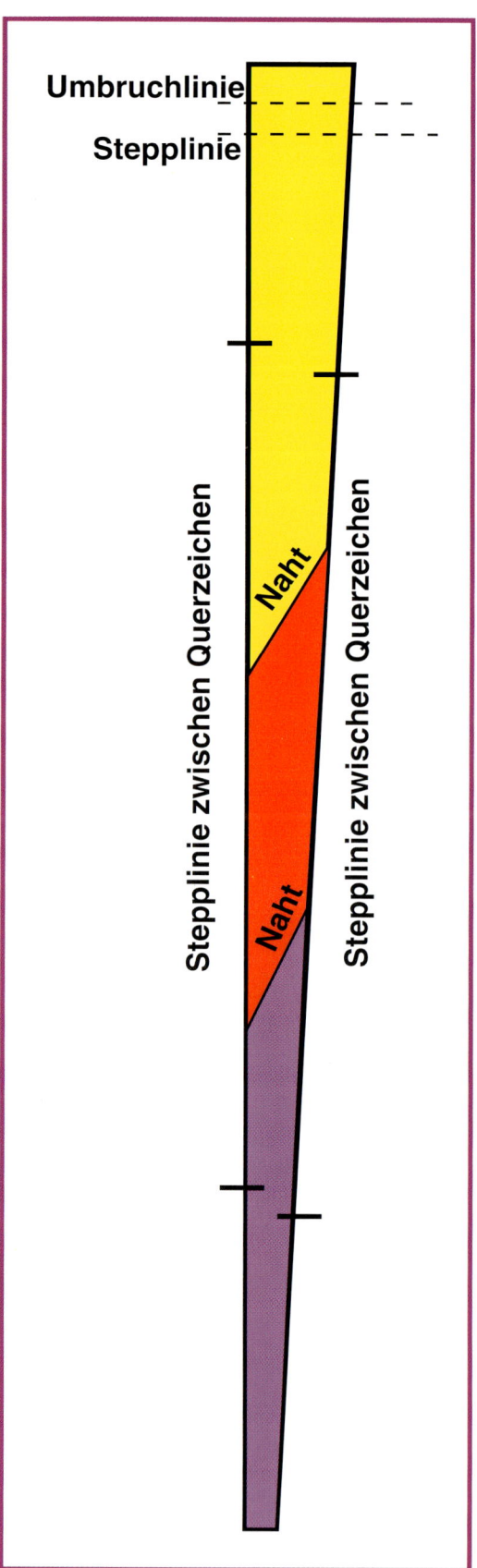

Umbruchlinie

Stepplinie

Naht

Naht

Stepplinie zwischen Querzeichen

Stepplinie zwischen Querzeichen

AUFHÄNGUNG ANBRINGEN

● Das Peddigrohr bzw. Fiberglas in die Tunnels der oberen Enden schieben.

● Vom Trinkhalm ein 4 cm langes Stück abschneiden. In beide Enden einen Tropfen Kleber geben.

● Die Enden des Trinkhalms beidseitig über die Enden des Peddigrohrs bzw. Fiberglases schieben, bis der Ring in der Mitte aufeinandertrifft. Evtl. nochmals mit Kleber bestreichen. So lange festhalten, bis der Kleber trocken ist.

● Von der Kordel drei je 40 cm lange Fäden abschneiden. Die Enden gegen-überliegend zwischen den Bahnen der Turbine auf dem Ring festknoten. In der Mitte alle sechs Fäden zu einer Schlaufe knoten. Die Öse eines Gelenkkarabiners einhängen.

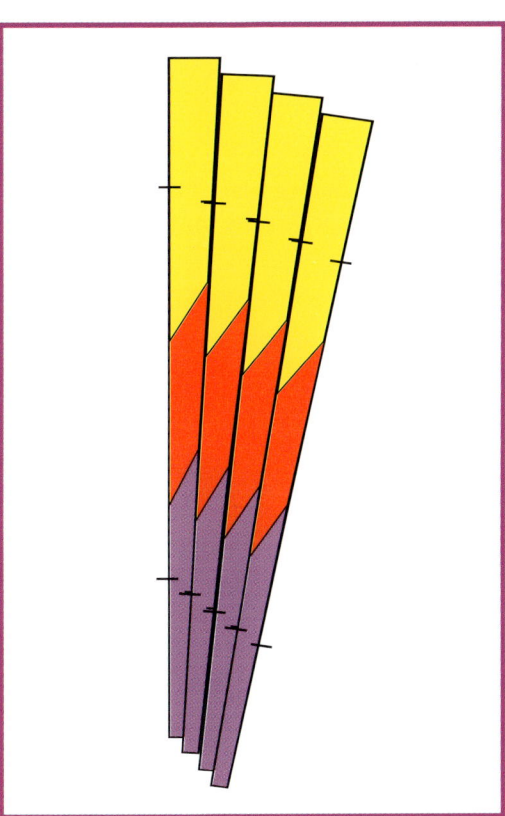

Drachen

Die meisten Drachen sind mit geringem Materialaufwand schnell gebaut, und selbst die etwas schwierigeren können Kinder unter Mithilfe der Älteren selbst basteln. Mit viel Spaß kann die ganze Familie oft schon am gleichen Tag die Flugtauglichkeit der farbenfrohen Ungeheuer ausprobieren.

Drachen aus Geschenkpapier

MATERIAL

1 Bogen Geschenkpapier, mindestens 45 x 60 cm
Holzrundstab, 4 mm Durchmesser, ca. 80 cm lang
Bastel- oder Sprühkleber
Kreppapier in verschiedenen Farben
Farbloses Klebeband
Baumwollschnur
Drachenschnur

WERKZEUG
Schere
Lineal
Bleistift
Scharfes Messer
**   oder Cutter**

PAPIER ZUSCHNEIDEN

● Den Geschenkpapierbogen auf der Innenseite mit Kleber bestreichen oder besprühen, zur Hälfte falten und aufeinanderkleben.

● Den Drachen laut Schema aufzeichnen und entlang der Konturen ausschneiden. Die rot eingezeichneten Schlitze mit dem Messer oder Cutter 1 cm lang einschneiden.

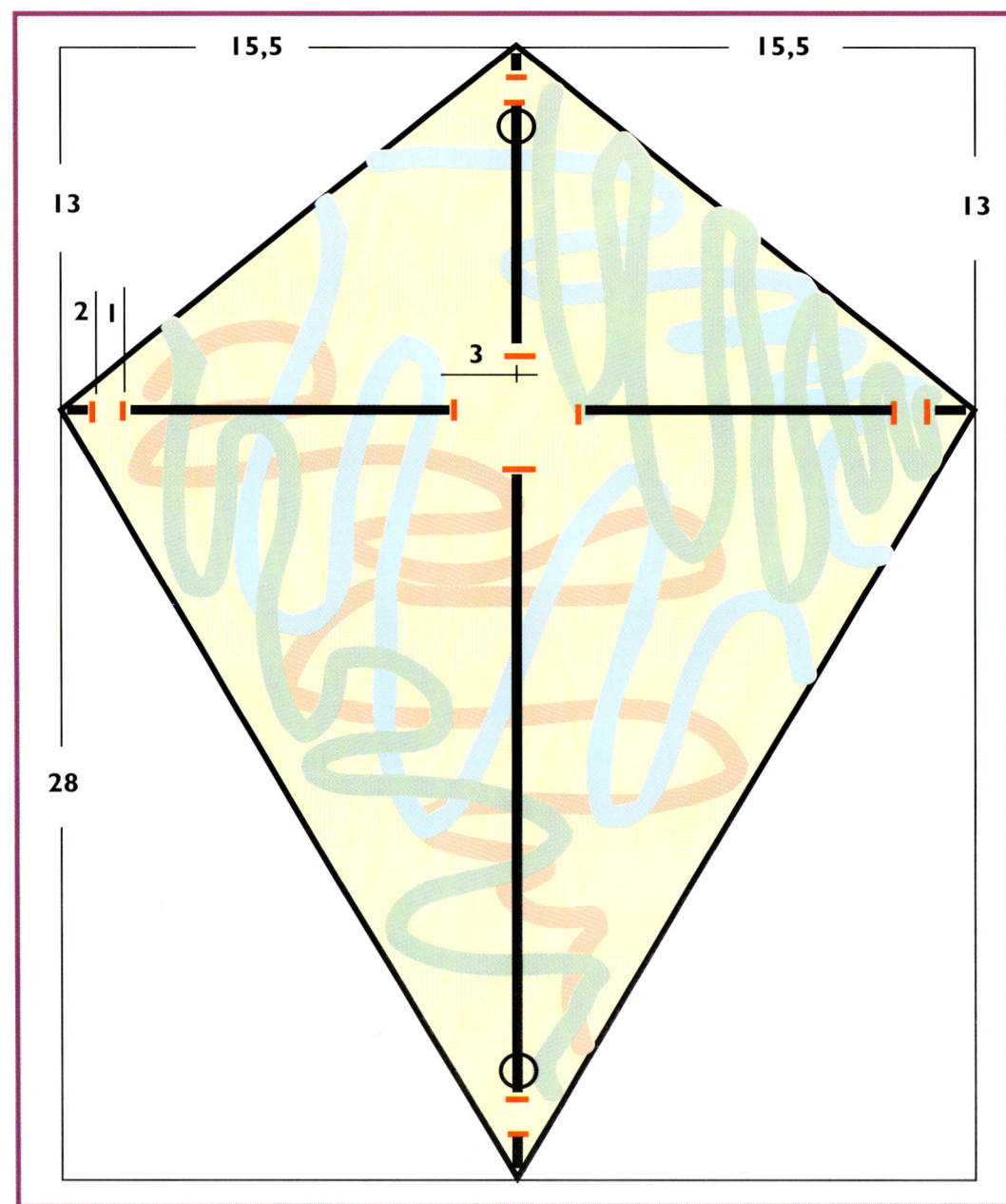

DRACHENKREUZ BAUEN

● Vom Rundstab 41 cm und 31 cm absägen. Auf dem 31 cm langen Stab die Mitte markieren, auf dem 41 cm langen Stab von einem Ende 13 cm abmessen und markieren.
● Zuerst den querliegenden Stab durch die Schlitze schieben, dann den senkrechten Stab. An den Enden Klebeband als Schutz darüberkleben, genauso über das Mittelkreuz.
● Zur Zierde zwei Kreise mit 8 cm Durchmesser aus farbigem Krepppapier ausschneiden und beidseitig über das Mittelkreuz kleben.

DRACHENWAAGE EINKNOTEN

● Die Waage dient zur Balancierung des Drachens, außerdem wird an ihr die Drachenschnur eingehängt.
● Die Drachenschnur ca. 60 cm lang zuschneiden und bei den mit O gekennzeichneten Stellen um den Rundstab einknoten.

● Den Drachen an der Waage mit einem Finger hochheben und so lange ausbalancieren, bis er in der Waagrechten liegt. An der Stelle des Fingers einen Knoten knüpfen, so daß eine Schlaufe entsteht. In diese Schlaufe wird die Drachenschnur mit einem Karabiner eingehängt.

DRACHENSCHWANZ KNÜPFEN

● Das Kreppapier gefaltet lassen und mit der Schere 10 cm abschneiden. Den Streifen auseinanderrollen und ca. 10 cm breite Stücke abschneiden.
● Drei verschiedenfarbige Krepppapierquadrate aufeinanderlegen und in der Mitte zusammenraffen. Mit der Baumwollschnur einen Doppelknoten über der Mitte machen, bis zur nächsten Schleife 10 cm Abstand lassen.
● Das Ganze so oft wiederholen, bis der Schwanz ca. 250 cm lang ist.

Klassischer Spitzdrachen

DRACHENGERÜST BAUEN

● Den Kreuzungspunkt laut Zeichnung c an beiden Rundholzstäben abmessen und markieren.
An den Enden der Rundhölzer mit der Feinsäge mittig ca. 0,5 cm tiefe Kerben für die Drachenbespannung einsägen (Zeichnung a).
● Rundhölzer an den Kreuzungspunkten so aufeinanderlegen, daß die Kerben parallel zur Arbeitsunterlage verlaufen. Mit Baumwollschnur den Kreuzungspunkt verbinden (Zeichnung b). Wicklung drei- bis viermal wiederholen. Fäden abschneiden und mit Kleber zusätzlich fixieren.

DRACHEN BESPANNEN

● Eine Baumwollschnur in die obere Kerbe des Gerüsts legen, beidseitig durch die seitlichen Kerben führen und dann beide nach unten.
● In der unteren Kerbe miteinander verknoten. Beide Schnurenden mehrmals um das senkrechte Holz wickeln und nochmals verknoten. Knotenpunkt mit Klebstoff sichern.
● Das Drachenkreuz mit Hilfe eines Geodreiecks oder Winkels so ausrichten, daß es im rechten Winkel ist. Dann die Schnüre in den Kerben ebenfalls mit Klebstoff sichern.
● Einen Bogen Drachenpapier mit einem rechten Winkel bis zum Drachenkreuz schieben.
● Die Kanten in Länge der Holzstäbe mit Kleber bestreichen und an den Holzstäben festkleben. Mit dem Lineal oder der Holzleiste 2 cm neben der Drachenbespannung das Papier abschneiden. Die überstehenden 2 cm über die Bespannung kippen und festkleben. Mit den anderen Dreiecken des Drachens genauso vorgehen.

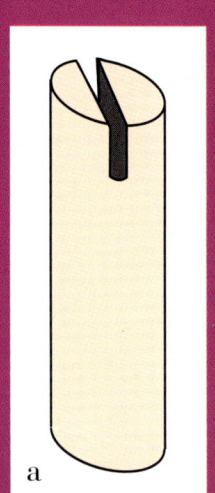

a

b

WAAGE UND SCHWANZ BEFESTIGEN

• Eine 150 cm lange Drachenschnur als Drachenwaage an den mit O gekennzeichneten Stellen einknoten. Den Drachen mit einem Finger an der Waage hochheben, bis er ausbalanciert ist. An dieser Stelle eine Schlaufe bilden, die Schlaufe durch den Ring schieben und über das Ende des Rings ziehen, dann festziehen. So läßt sich der Ring entsprechend der Windstärke leicht verstellen (Zeichnung Seite 53).

• Von drei Rollen Kreppapier 1 cm breite Streifen abschneiden, in der Mitte bündeln und je ein Bündel an den seitlichen Querstreben befestigen.

• Von den restlichen Kreppapierrollen sechs je 4 cm breite Streifen abschneiden, jeweils zwei an den Enden aneinanderkleben. Die drei Streifen am unteren Ende des Drachens befestigen. Drachenschnur in den Waagenring einhängen.

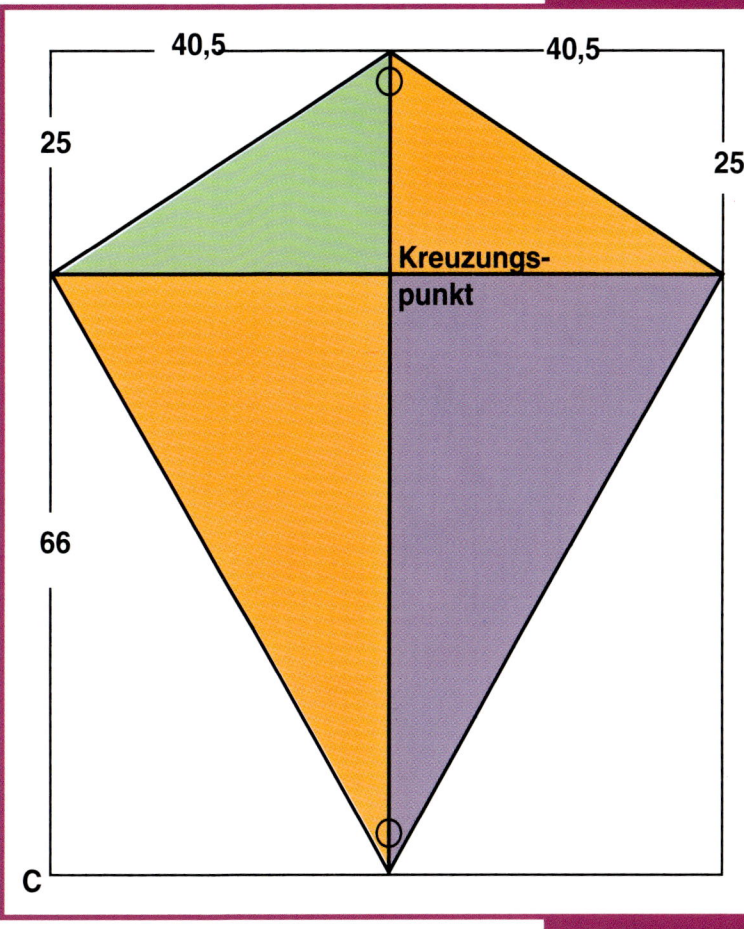

Drachenclown

MATERIAL

Steckkreuz für Drachen (Drachenladen)
Baumwollschnur
Drachenpapier in Hellgrün, Rot, Gelb, Weiß und Schwarz
Bastelkleber
Rundhölzer, 5 mm Durchmesser,
   zweimal 26 cm und je einmal 20 cm und 42 cm lang
Ring, ca. 3 cm Durchmesser
Kreppapier

WERKZEUG

Feinsäge
Scharfes Messer
   oder Cutter
Schere
Winkel oder
   Geodreieck
Bleistift
Langes Lineal oder
   Holzleiste

GERÜST BAUEN

• Jeweils ein Ende der Rundhölzer mit der Feinsäge ca. 0,5 cm tief mittig einsägen (Zeichnung a, Seite 48). In die senkrechten Hülsen des Steckkreuzes die 20 cm und 42 cm langen Hölzer mit den geschlossenen Enden stecken und mit Klebstoff bestreichen.

• In die leicht abgewinkelten Hülsen die zwei 26 cm langen Hölzer stecken und ebenfalls mit Kleber fixieren. Die Hölzer so ausrichten, daß die Kerben an den Enden parallel zur Arbeitsfläche verlaufen.

DRACHEN BESPANNEN

• Eine Baumwollschnur in die obere Kerbe des Gerüsts legen, beidseitig durch die seitlichen Kerben führen und dann beide nach unten. In der unteren Kerbe miteinander verknoten.
• Beide Schnurenden mehrmals um das senkrechte Holz wickeln und nochmals verknoten. Knotenpunkt mit Klebstoff sichern.
• Die Schnüre in den Kerben ebenfalls mit Kleber sichern.

DRACHEN BEKLEBEN

• Drachengerüst auf das hellgrüne Drachenpapier legen, vorher auf der Rückseite entlang der Rundhölzer mit Kleber bestreichen. Papier flach auf das Gerüst drücken.
• Mit einem langen Lineal oder einer Holzleiste 2 cm neben der Drachenbespannung eine Linie ziehen, das Papier schneiden. Die überstehenden 2 cm des Papiers über die Bespannung kippen und festkleben.
• Die Formen für das Gesicht des Clowns von der Vorlage abnehmen.

● Dafür das Drachenpapier auf die Vorlage legen und die Konturen durchzeichnen. Formen ausschneiden und an die entsprechenden Stellen kleben.

WAAGE UND SCHWANZ BEFESTIGEN

● Eine 120 cm lange Drachenschnur als Drachenwaage am oberen und unteren Ende des Drachengerüsts einknoten.

● Den Drachen mit einem Finger an der Waage hochheben, bis er ausbalanciert ist. An dieser Stelle eine Schlaufe bilden, die Schlaufe durch den Ring schieben und über das Ende des Rings ziehen, dann festziehen (Zeichnung Seite 53). So läßt sich der Ring entsprechend der Windstärke leicht verstellen.

● Für den Schwanz von dem Krepppapier zwei ca. 15 cm breite Rollen abschneiden. Beidseitig der Rollen mit der Schere so einschneiden, daß in der Mitte ein Streifen stehenbleibt, zu beiden Seiten hängen Fransen herab.

● Die Enden beider Streifen zusammenkleben, so daß ein 4 m langer Schwanz entsteht. Schwanz am unteren Drachenende befestigen.

Quadratdrachen

MATERIAL

2 Rundholzstäbe, 5 mm Durchmesser, je 70 cm lang
3 Bogen Drachenpapier in Orange, Gelb und Hellgrün
Baumwollschnur
Bastelkleber
3 Rollen Kreppapier in Orange, Dunkel- und Hellgrün
Drachenschnur
Kleiner Ring, ca. 3 cm Durchmesser

WERKZEUG

Feinsäge
Scharfes Messer
** oder Cutter**
Schere
Winkel oder
** Geodreieck**
Bleistift
Langes Lineal oder
** Holzleiste**

DRACHENGERÜST BAUEN

• Den Kreuzungspunkt in der Mitte an beiden Rundholzstäben markieren. An den Enden der Rundhölzer mit der Feinsäge mittig ca. 0,5 cm tiefe Kerben für die Drachenbespannung einsägen (siehe Zeichnung).

• Die Rundhölzer an den Kreuzungspunkten so aufeinanderlegen, daß die Kerben parallel zur Arbeitsunterlage verlaufen. Mit der Baumwollschnur den Kreuzungspunkt verbinden (Zeichnung b, Seite 48).

• Wicklung drei- bis viermal wiederholen. Fäden abschneiden und mit Kleber zusätzlich fixieren.

DRACHEN BESPANNEN

• Eine Baumwollschnur in eine Kerbe des Gerüsts legen und dann durch die anderen beiden Kerben zur letzten Kerbe führen.

• In dieser Kerbe die Fäden dann miteinander verknoten.

- Die Schnurenden mehrmals um den Stab wickeln und verknoten. Knotenpunkt mit Klebstoff sichern.
- Das Drachenkreuz mit Hilfe eines Geodreiecks oder Winkels so ausrichten, daß es im rechten Winkel ist. Dann die Schnüre in den Kerben ebenfalls mit Kleber bestreichen.

DRACHEN BEKLEBEN

- Die Stäbe des Gerüsts mit Kleber bestreichen. Mit dieser Seite auf das orangefarbene Drachenpapier legen, so daß an den Kanten mindestens noch 1,5 cm Papier über die Bespannung hinaus überstehen.
- Das lange Lineal oder die Holzleiste mit 1,5 cm Abstand neben die Bespannung legen und eine Linie ziehen. Entlang dieser Linie das überstehende Papier abschneiden.
- Die Zugabe rundum mit Kleber bestreichen, über die Bespannung kippen und einen Bruch knicken. Zugabe gut andrücken.
- Das gelbe und grüne Drachenpapier über die Originalvorlage legen, jeweils vier Blütenblätter durchzeichnen und ausschneiden. Zuerst die gelben, dann die grünen Blütenblätter auf den Drachen kleben.

WAAGE UND SCHWANZ BEFESTIGEN

- Drei je 40 cm lange Schnüre als Drachenwaage an den mit O gekennzeichneten Stellen um den Rundstab einknoten. An den Enden die drei Schnüre in einer Schlinge zusammenknoten. In diese Schlinge die Drachenschnur einhängen.
- Aus orangefarbenem und dunkelgrünem Kreppapier je zwei 2 cm breite Streifen, 250 cm lang, schnei-

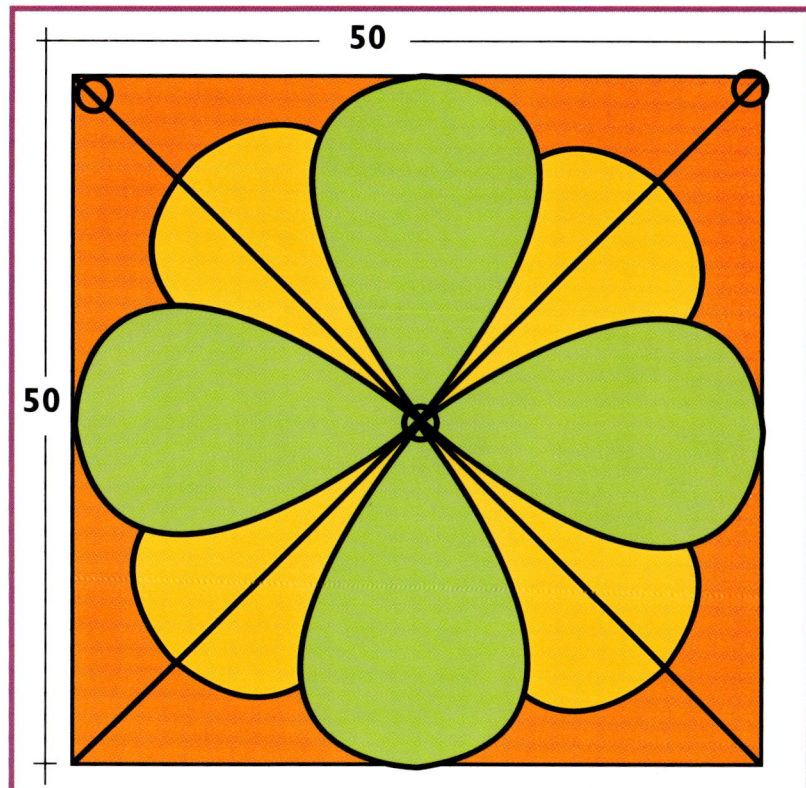

den. Jeweils zwei Streifen in der Mitte zusammenfassen und an den unteren Enden des Quadrats befestigen.
- Vom hellgrünen Kreppapier einen 15 cm breiten und insgesamt 3 m langen Streifen abschneiden.
- Streifen aufwickeln, die Ecken bis auf 2 cm vor der Mitte schräg wegschneiden. So entsteht die Sechseck-Form. Den Schwanz in der unteren Mitte des Drachens befestigen.

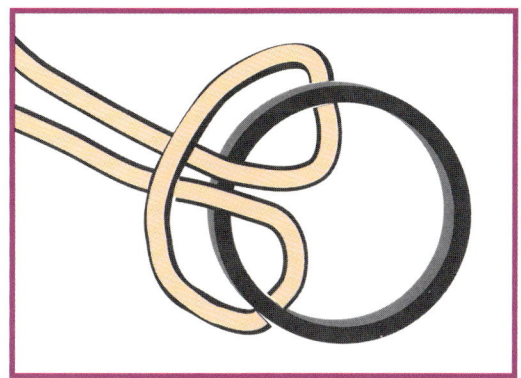

Sterndrachen

MATERIAL

Rundhölzer, 5 mm Durchmesser,
  zweimal 70 cm lang und einmal 80 cm lang
Gelbes, orangefarbenes und blaues Drachenpapier
Baumwollschnur
Bastelkleber
2 Rollen Kreppapier
Drachenschnur
Kleiner Ring, ca. 3 cm Durchmesser

WERKZEUG
Feinsäge
Scharfes Messer
  oder Cutter
Schere
Winkel oder
  Geodreieck
Bleistift
Lineal

DRACHENGERÜST BAUEN

● Die Kreuzungspunkte an den Rundholzstäben markieren. An den Enden der Rundhölzer mit der Feinsäge mittig ca. 0,5 cm tiefe Kerben für die Drachenbespannung einsägen (siehe Zeichnung).

● Die Rundhölzer an den Kreuzungspunkten so aufeinanderlegen, daß die Kerben parallel zur Arbeitsunterlage verlaufen. Mit Baumwollschnur die Kreuzungspunkte verbinden (Zeichnung b, Seite 48). Wicklung drei- bis viermal wiederholen. Fäden abschneiden und mit Kleber zusätzlich fixieren.

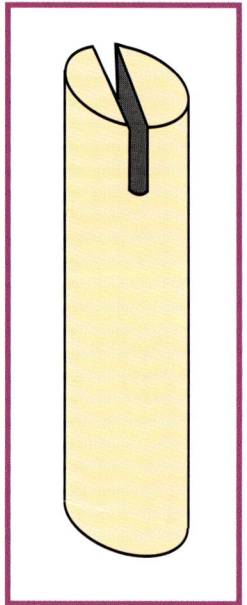

DRACHEN BESPANNEN

● Eine Baumwollschnur in die obere Kerbe des Gerüsts bei **a** legen, beidseitig durch die seitlichen Kerben **a** führen und seitlich miteinander in der Mitte über dem Rundstab verknoten. Beide Schnurenden mehrmals um das senkrechte Holz wickeln und nochmals verknoten. Knotenpunkt mit Klebstoff sichern.

● Den Spannvorgang noch einmal wiederholen, diesmal beim untersten Punkt **b** beginnen, durch die seitlichen Kerben **b** führen und verknoten. Mit Kleber fixieren.

● Die Drachenkreuze mit Geodreieck oder Winkel ausrichten. Dann die Schnüre in den Kerben mit Kleber fixieren.

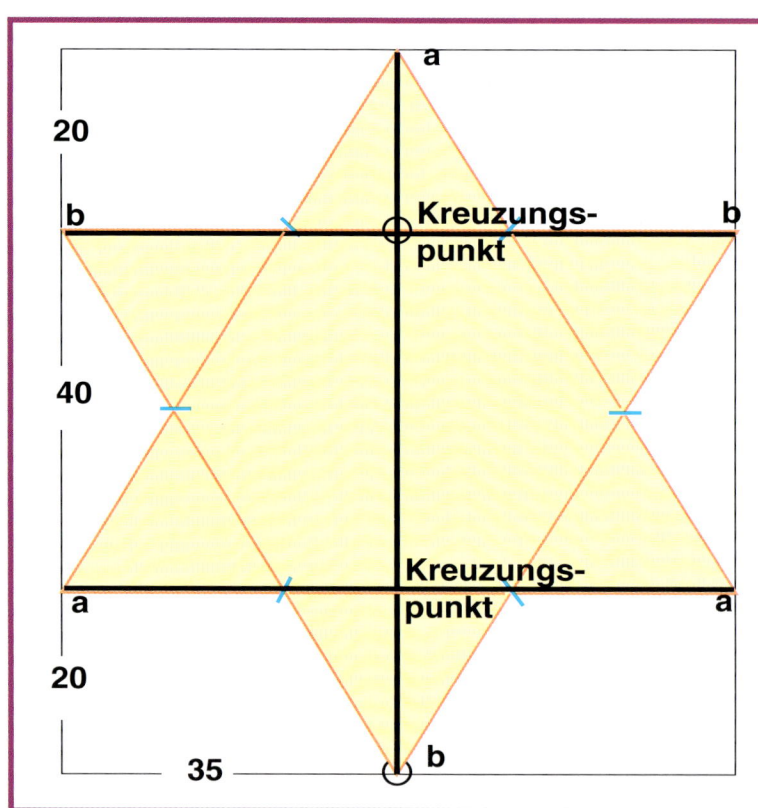

● An den blau markierten Stellen die Fadenbespannung zusätzlich umwickeln, verknoten und mit Kleber fixieren.

● Auf die Holzstäbe Kleber streichen und auf gelbes Drachenpapier legen. Papier glatt andrücken. Mit einem Lineal 2 cm neben der Drachenbespannung eine Linie ziehen, das Papier entlang dieser Linie schneiden. Die überstehenden 2 cm des Papiers in den Innenecken einschneiden, an den Außenecken waagrecht wegschneiden. Papierzugabe über die Bespannung kippen und festkleben.

● Aus dem blauen und orangefarbenen Drachenpapier Streifen in 4 cm Breite schneiden und mit 1 cm Abstand zum Rand auf den Drachen kleben. Je einen blauen und orangefarbenen Streifen bündeln und an die oberen waagrechten Enden (**b**) binden.

WAAGE UND SCHWANZ BEFESTIGEN

● Eine 130 cm lange Drachenschnur als Drachenwaage an den mit O gekennzeichneten Stellen einknoten.

● Den Drachen mit einem Finger an der Waage hochheben, bis er ausbalanciert ist. An dieser Stelle eine Schlaufe bilden, die Schlaufe durch den Ring schieben und über das Ende des Rings ziehen, dann festziehen (Zeichnung Seite 53). So läßt sich der Ring entsprechend der Windstärke leicht verstellen.

● Aus Kreppapier zwei 6 cm breite und insgesamt 5 m lange Streifen schneiden und am unteren Ende des Drachens befestigen.

Schwalbe

MATERIAL

Spinnakergewebe, 1 m breit, 50 cm lang (Drachenbedarf)
Fiberglasstab, 3 mm Durchmesser, 110 cm lang
Gelenkkarabiner, ca. 4 cm lang
Nähfaden
Polyäthylenschlauch, 3 mm Innendurchmesser, 1 cm lang
Nähseide
Klebeband
Kleber
Transparentpapier

WERKZEUG
Schere
Nagel
Nähmaschine
Dünner Filzstift

SCHWALBE ZUSCHNEIDEN

● Das Transparentpapier über die Zeichnung auf der Vorlage legen, eventuell mit Klebestreifen gegen Verrutschen sichern.

● Mit dem Filzstift die Form bis zur Mittellinie durchzeichnen, dabei die Nahzugabe markieren.

● Papierschnitt ausschneiden. Spinnakergewebe quer in den Bruch legen.

● Die Mittellinie des Papierschnitts am Bruch des Gewebes anlegen. Damit der Schnitt und das Gewebe beim Zuschneiden nicht verrutschen, beides mit Klebestreifen sichern (Vorsicht: Nicht mit Stecknadeln arbeiten, das gibt Löcher!).

● Den Schwalbenbauch einmal zuschneiden, den Schwalbenkörper einmal im Bruch zuschneiden. Die Nahtzugaben mit kleinen Strichen auf dem Gewebe markieren.

SCHWALBE NÄHEN

● Die Nahtzugaben an den Flügeln umkippen und schmalkantig mit Sticheinstellung 4 feststeppen, dabei am Ende der Flügel quersteppen, so daß ein Tunnel entsteht.

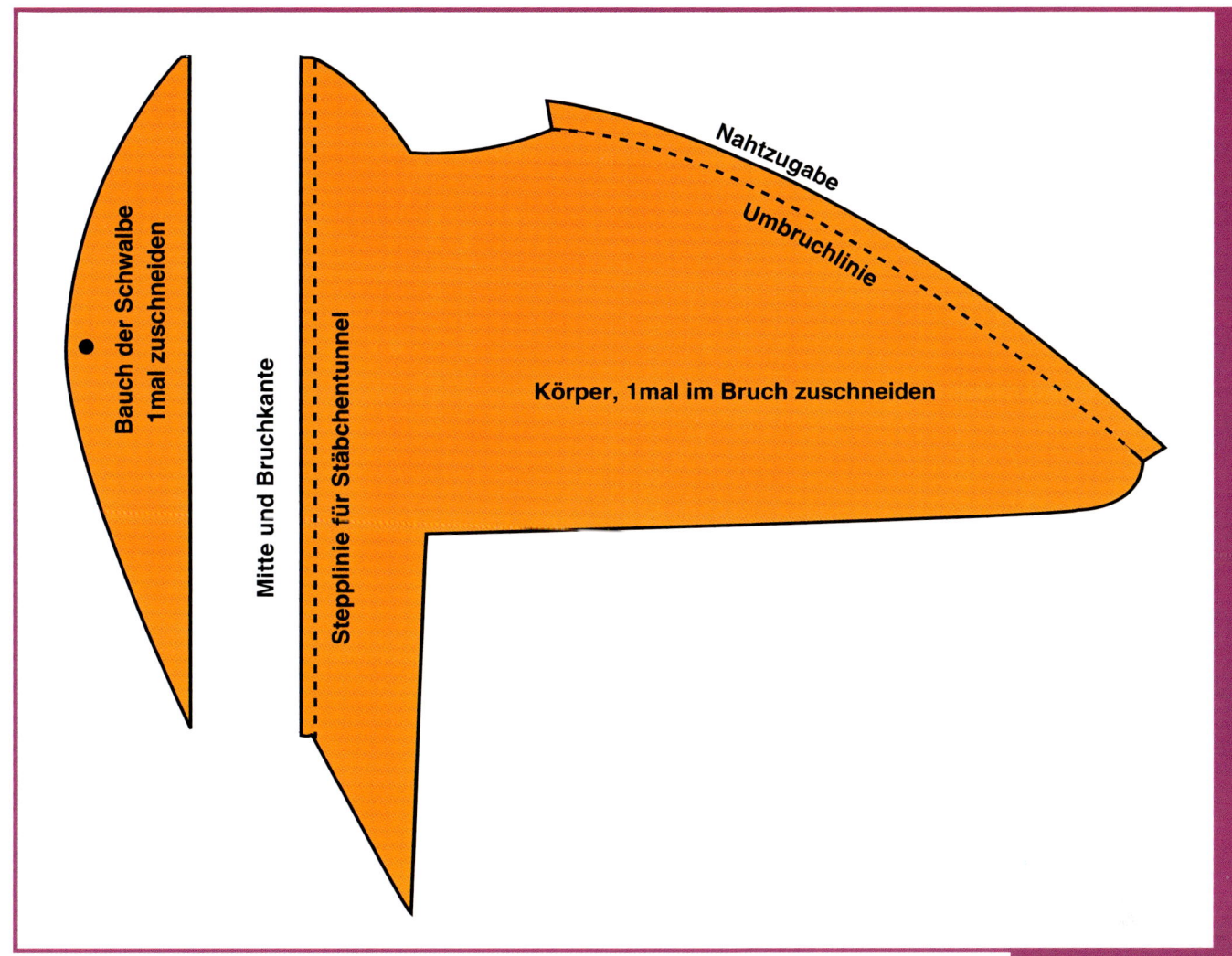

Bauch der Schwalbe
1mal zuschneiden

Mitte und Bruchkante

Stepplinie für Stäbchentunnel

Körper, 1mal im Bruch zuschneiden

Nahtzugabe

Umbruchlinie

- Nahtanfang und -ende mit Rück-stichen sichern.
- Die Flügel deckungsgleich im Bruch aufeinanderlegen, dabei in den entstehenden Tunnel die gerade Kante des Schwalbenkörpers bis zur Bruch-kante dazwischenschieben.
- Tunnel mit 0,5 cm Abstand zur Bruchkante steppen, am unteren Ende des Körpers quersteppen.

SCHWALBE SPANNEN
- Vom Fiberglasstab 26 cm absägen (oder schneiden) und in den Längs-tunnel schieben. Noch einmal 84 cm abschneiden.

- In den Polyäthylenschlauch ca. 0,3 cm von einem Ende entfernt mit einem Nagel mittig ein Loch durch-stechen. Durch dieses Loch das lange Fiberglasstück schieben, bis der Schlauch in der Mitte sitzt.
- Zuerst eine Seite des Fiberglases in den Flügeltunnel schieben, dann die andere. Die Schlauchöffnung auf das Ende des Fiberglasstücks am Kopf schieben, eventuell mit etwas Kleber fixieren.
- Am Bauch mit dem Nagel ein Loch an der eingezeichneten Stelle stechen und den Gelenkkarabiner einhängen.

Regenbogenschlange

DRACHENGERÜST BAUEN

• Den Kreuzungspunkt am Fiberglas in der Mitte markieren. Rundholzstab auf die Markierung legen und mit Baumwollschnur festbinden (Zeichnung b, Seite 48). Wicklung dreimal wiederholen und mit Kleber fixieren.

• An den Enden des Fiberglases je zwei ca. 50 cm lange Baumwollschnüre verknoten und mit Kleber fixieren. Nach dem Trocknen des Klebers die beiden Baumwollschnüre zum Ende des Rundholzes ziehen und mit 35 cm Abstand in der Mitte festknoten. Knotenpunkt mit Kleber fixieren.

DRACHEN BESPANNEN

• Die Gerüstteile mit Kleber bestreichen, ebenso die Schnurspannung. Gerüst auf weißes Kreppapier legen und flach andrücken.

• Das Kreppapier rundum mit 2 cm Zugabe wegschneiden, an der Biegung bis zum Fiberglas senkrecht einschneiden und um das Gerüst legen. Mit Kleber rundum festkleben.

• Von jedem Kreppapier vier je 4,5 cm breite Streifen abschneiden, vom violetten Papier acht Streifen. Die Rundung am äußeren Drachenrand mit Kleber bestreichen.

• Den violetten Kreppapierstreifen oben in der Mitte anlegen, in der äußeren Rundung stark dehnen und bis zur unteren Kante festkleben, den Rest des Streifens hängen lassen. Die innere Kante des Streifens mit Kleber bestreichen und andrücken.

• Neben dem Kreppapierstreifen mit ca. 0,5 cm Abstand Kleber auftragen und den nächsten Streifen in Rot aufkleben. Alle Streifen aufkleben, die andere Seite gegengleich arbeiten.

• Wichtig ist, das Kreppapier in den äußeren Rundungen immer stark zu dehnen.

- Die übrigen Streifen als Ver-
längerung an die herabhängenden
Schwanzstreifen kleben.

WAAGE BEFESTIGEN

- Eine 150 cm lange Schnur als Drachenwaage an den mit O gekennzeichneten Stellen einknoten. Den
Drachen mit einem Finger an der
Waage hochheben, bis er ausbalanciert ist. An der Stelle eine Schlaufe
bilden, Schlaufe durch den Ring über
das Ende des Rings ziehen, festziehen.
So läßt sich der Ring entsprechend
der Windstärke leicht verstellen.

Übrigens …

Die Flugeigenschaften eines Drachens hängen im
wesentlichen davon ab, daß er gut ausbalanciert ist,
außerdem ist die Länge und das Gewicht des
Drachenschwanzes von großer Bedeutung. Herrscht
beispielsweise sehr starker Wind, so müssen Sie den
Drachenschwanz eventuell bis zur doppelten Länge
vergrößern.
Am besten, Sie nehmen immer einen zusätzlichen
Drachenschwanz mit, den Sie dann bei Bedarf einfach anbinden können.

Impressum

Heidi Grund-Thorpe
ist ausgebildete Graphikdesignerin.
Ihre kreativen Bastelarbeiten
erscheinen seit längerer Zeit in
diversen Frauenzeitschriften, so z. B.
in *Carina* und *Freundin*.

Natascha Sanwald
arbeitet als Schauwerbegestalterin
und Stylistin. Beruf und Hobby
verbinden sich bei ihrer Liebe zu
selbstgemachten Dingen –
von Geschenkaccessoires bis hin
zu Kleinmöbeln.

© 1996 Südwest Verlag
GmbH & Co. KG., München
Alle Rechte vorbehalten.
Nachdruck – auch auszugsweise –
nur mit Genehmigung des Verlages.

Redaktion: Margit Bogner
Redaktionsleitung:
Dr. Reinhard Pietsch
Layout: Till Eiden
DTP/Satz: Reiner Löb
Fotos: Ulrich Kerth, München
Bildredaktion: Bettina Huber
Herstellung: Manfred Metzger
Druck und Bindung:
Istituto Grafico Bertello

Printed in Italy

Gedruckt auf chlor-
und säurearmem Papier

ISBN 3–7787–3506–3